马化腾

未来如此艰难
你要尽力而为

方诚意 著

文汇出版社

图书在版编目（ＣＩＰ）数据

马化腾：未来如此艰难，你要尽力而为 / 方诚意著. -- 上海 ： 文汇出版社,2014.6

ISBN 978-7-5496-1201-7

Ⅰ．①马… Ⅱ．①方… Ⅲ．①网络公司－企业管理－经验－中国 Ⅳ．①F279.244.4

中国版本图书馆CIP数据核字(2014)第119028号

马化腾：未来如此艰难，你要尽力而为

出 版 人 / 桂国强

作　者 / 方诚意

责任编辑 / 戴　铮

封面装帧 / 嫁衣工舍

出版发行 / 文匯出版社

　　　　　上海市威海路755号

　　　　　（邮政编码200041）

经　　销 / 全国新华书店

印刷装订 / 北京凯达印务有限公司

版　次 / 2014年7月第1版

印　次 / 2014年7月第1次印刷

开　本 / 710×1000　1/16

字　数 / 236千字

印　张 / 16

ISBN 978-7-5496-1201-7

定 价：36.00元

● **好的创业书**，不是什么神话故事，而是看人怎么掉坑里的。

● **好的创业书**，不仅仅是看人掉坑里来满足自己的偷窥欲，
　　　　　　而是要告诉你怎么绕开这些沟壑，
　　　　　　尽可能地让自己别摔得鼻青脸肿。

● **好的创业书**，不是用神话故事来刺激你的荷尔蒙分泌，
　　　　　　而是最好告诉你从哪儿开始，怎么开始，
　　　　　　好歹，让你上道。

只要你怀揣梦想，这里就一定有你将要走的路，
这里是绝对不一样的成功。

升级时代的马化腾

　　在互联网的世界里，不仅人和人之间连接，人和设备、设备和设备，甚至人和服务之间都有可能产生连接，微信公众号就是人和服务连接的一个尝试。

　　这是一个最好的时代，也是一个最坏的时代。

　　所有行业提供了升级的机会，每个产业都必然要面对转型，能否转变思路、跟上形势，化危机为转机？是借风使力上青天，还是坠入万丈深渊？也许只在一念之间。

　　他提倡"做人像水，做事像山"，同时自己也践行着这样的品格。而当水样的柔韧品格加到一个山样的男人身上，呈现在众人眼前的，除了成功，再无其他。

当一个可爱的"企鹅"让亿万网民爱不释手时，当一个人以一款即时通信软件为基础缔造了中国市值最大的互联网企业时，当网民上网第一件事就是打开 QQ 或手机微信时，有谁想过是谁缔造了这一切？提起腾讯，提起 QQ、微信，或许无人不知，无人不晓，但提起马化腾是何许人，可能有人会摸不着头脑。

马化腾，现任腾讯公司董事会主席兼首席执行官。2013 年以 620 亿元人民币名列胡润富豪榜第 3 位，以 622 亿元人民币名列福布斯中国富豪榜第 5 位。2014 年 1 月，彭博亿万富豪指数排名，43 岁的他以 131 亿美元的净资产，成为中国内地首富，位列全球富豪榜第 81 位。美国最有声望的财经杂志之一——《巴伦周刊》对他的评价是："将他的大型网络公司腾讯引向新方向。"

人民网曾这样评价马化腾："马化腾在模仿间不经意打造了一个庞大的'QQ 帝国'，为中国人创造了全新的沟通方式。创造了中国网络领域一个经典的神话。"

马化腾说：腾讯每一步都有坎，关键是每一步都要认真做；选择互联网，就是拥抱变化，主动求变。小米手机的创始人雷军曾这样评价创业："90% 以上的创业一定会死，能活下来的绝对是'祖坟冒青烟'。"马化腾就属于这一拨。创业之初，他曾"仿照"ICQ 开发了 OICQ，业内也一直质疑他"抄袭"，他曾经回应："抄可以理解成学习，是一种吸收，是一种取长补短。"

他看似谨小慎微，却每一次都抓住了互联网的机会主动出击。他说："在冬天过分谨慎会丧失机会。"无论是 2000 年左右的互联网泡沫，2005 年对团队的内部投资，还是 2008 年金融危机后的大举扩张，他顺应趋势，在中国互联网发展大潮的带动下，不断提升，不断扩展。马化腾成功度过了创业期的艰难，QQ 也在一步步发展壮大。十五年间，腾讯从一个以憨憨的企鹅为标识的即时通讯工具开始，发展为一家市值超过 5400 亿港元的行业龙头企业，业务从即时通讯、电信增值、网络互娱延伸到电子商务、社交等。

他极少发脾气、为人低调内敛，在马化腾低调温和的外表下，跳动的是一颗雄霸互联网世界的野心。他每一步都有计划，一起创业的几个小伙伴至今都还在腾讯抱团发展，团队之稳定，互联网少见。他不独断，但总能一锤定音；他不专行，却深得员工的信任和尊重。

有经济学家称，对腾讯进行解读是一个难题。腾讯不是在书本上写出来的，而是马化腾在没有路的地方，和他的团队一起走出来的。从 QQ 到微信，马化腾创造了一个又一个的奇迹。不是每个人都能"走别人的路，让别人无路可走"——只有网络时代的巨无霸才有如此创业的信心和能力。他是腾讯帝国的中流砥柱，更是时代的巨人，他的创业故事就是一部英雄的成长史。

他使得中国也出现了最具主流创新帝国的商业和创业模式。腾讯的成功，也使马化腾成为全球互联网增长最快地区中国最具竞争力的创业领袖。

今天的马化腾，虽然取得了巨大的成功，但从没有迷失自己，他依然把大部分时间用在体验公司产品上；他虽然年轻，却是中国慈善的先行者，很早就在腾讯成立了公益慈善基金；他虽然担任着腾讯董事会主席和 CEO，但更多的是扮演另外两个角色：一个是首席架构师，一个是精神领袖。他始终清晰而又准确地告诉员工，腾讯在思考什么、需要做出哪些改变……

未来的腾讯和马化腾，会带给我们更多惊喜和期待！因为，这本书告诉我们，一切皆有可能！

目录

CONTENTS

第一章

拥抱变革，展望未来

展望未来需要资本：别人今天做不到的，你做到了。

创业模式　科技＋改良＋勇气＝颠覆

第二章

抓住机会"玩"出梦想

要充满兴趣，带着热情、责任心去玩，就能够到达理想中那个让生命发光的地方，抓住机会也能玩出一片成功的新天地。

我的天地　兴趣＋勤奋＋机遇＝新领域

第三章

在巨人的肩膀上成就自己

要站在巨人的肩膀上，夯实基础，发挥精制的优势，以产品为重心。打造出惊艳众人的杰作，建造腾讯多彩的帝国。

多彩世界　学习 + 创新 + 专注 = 新业务

第四章

看清雾霾中的"天空之城"

互联网改变产业、改变社会、改变生活。腾讯将打造一个未来没有疆界、开放分享的互联网新生态梦想。

广阔天空　视野 + 眼光 + 尝试 = 新生态

第五章

不懂带人，你就自己干到死

人才是企业最重要的资产，团队是企业的灵魂。一个优秀的团队必将
引领企业走向更加高远、更加广阔的世界。

和谐世界　人才＋团队＋激励＝铸造成功

第六章

"什么火，做什么"到"做什么，什么火"

好产品会说话，让所有团队成员和用户共同参与到产品创新中，随趋
势潮流而变，时刻贴近千变万化的客户需求。

体验空间　体验＋失败＋修正＝高质量

第七章

马氏大道，微力无边

企业价值观会使企业和员工向着共同的目标、共同的方向，企业高度发展、走向成功的未来去努力。

信仰圣地　规则 + 方向 + 信仰 = 价值观

第八章

这是一个天翻地覆的时代

拥抱变革，提升品牌的价值，这是转型期必须做的。已经拿到移动互联网第一张站台票的腾讯依旧要激情地去探索未知的世界。

变革时代　激情 + 策略 + 挑战 = 创造未来

第九章

属于你、我、他的未来世界

互联网化，是未来商业浪潮的主旋律，未来所有企业都将成为互联网企业。产业融合、大家互助互利，共同谱写华彩乐章。

大同天地　竞争 + 远望 + 融合 = 共赢

第十章

终极梦想，永恒的信念

以给社会带来的价值为标准，以让人们的生活更便捷、更精彩为义务，成就腾讯帝国的辉煌。

美好世界　责任 + 信念 + 态度 = 成功

第一章
拥抱变革，展望未来

展望未来需要资本：别人今天做不到的，你做到了。

创业模式 **科技 + 改良 + 勇气 = 颠覆**

拥抱互联网，
重回激情燃烧的岁月

> 我们将坚持过去一年半的基本原则，也就是顺应"打造精品、拥抱移动互联网"这个非常明确的潮流。

与过去十五六年相比，最近这几年互联网市场变化非常快，我们怎么应变的？我们首先回顾一下最近几次管理干部大会：去年"5·18"一次七年之痒之后的剧变，组织架构做了相当大的调整；在去年下半年我们又提出了精品战略；今年上半年对管理干部提出了激情、好学和开放等要求。在这一次管理干部大会，我们将坚持过去一年半的基本原则，也就是顺应"打造精品、拥抱移动互联网"这个非常明确的潮流。

面对这个潮流，最近这两年给我一个感觉，我们好像又回到了15年前激情燃烧的岁月，我发现我们做了15年，从零开始打造的工具、平台，从一个没有商业模式的产品，逐渐、逐渐成长为丰富的商业模式。从头推翻，重新来一次，这个过程也是很让人激动的。

对于在座的各位，今天是好时机，让我们有机会重新来一次，这个过程是一辈子都很难轻易找到的，我希望大家能有更紧迫的使命感！

我们最近和搜狗达成了战略合作联盟，这对腾讯来说是从未做过的事情，就是把我们一部分业务"嫁"出去，和一个曾经的竞争对手结合在一起，合为一体。这个事情到现在还没有完全整合完毕，这毕竟是腾讯没有做过的事情。为什么大家认为很突然？因为相当复杂，这个领域的竞争对手很多，所以任何的泄密都可能会造成整个事情做不成。这个事情结束得很快，所有事情都发生在不到一个月之内，真正执行只有两周时间，甚至对于总办，也是提前两三天所有总办才一起沟通。整个事情我们觉得比较奇迹的是居然保密了，因为互联网时代是很难保密的。

希望大家能够拥抱移动互联网，移动互联网和 PC 互联网将是一起的，我们并不是轻视 PC 互联网，因为我们很多商业模式，包括团队、基础、后台很多都融为一体！也希望大家更多地拥抱开放，尤其是内部开放，很多团队在内部的合作方面其实还有很多提升的空间。因为术业有专攻，有的产品和范畴很多同事很擅长，希望大家能够积极开放胸怀，大家一起把事情做好，大家好才是真的好！

——摘自《马化腾 2013 年 10 月在腾讯内部的讲话》

延伸阅读

移动支付成为人们普遍接受的支付方式是大势所趋，这块战略高地可谓兵家必争。2014 年春节，"微信红包"一时间成为了轰动业界的新事物，广大用户积极尝鲜的同时，也让马云大呼"被偷袭"。电子钱包带来的移动支付方式早已将生活翻到一个全新的篇章，而这种亲密拥抱互联的发展思路更是时代所趋。

实际上，嗅到这一商机的并不只有腾讯，早在 2014 年 1 月 23 日，支付宝就率先推出了"发红包"和"讨彩头"的新功能。但支付宝本身不具备社交的功能，因此这一新功能推出之后，并没有引起广大消费者的关注。

然而，类似的功能却在仅仅 3 天之后，便出现在了腾讯的微信平台上。微信用户只要开通了财付通并且拥有微信，便能通过关注公众账号的"新年红包"的方式，向微信中的好友派发红包或者"索取"红包。一时间，过年时的红包习俗被搬到了网络上来，引发了很多用户的好奇，纷纷求新体验。"微信红包"就像一种失去控制的病毒一样，快速地在不同的微信圈中传播，仅仅过了两天，微信红包几乎成为了家喻户晓的新概念，并且在过年档期中强势占据科技媒体的头条。

根据腾讯统计发布的数据，2014 年春节期间，全国平均每个微信红包 7.5 元，抢空红包的最快速度是 1.7 秒，发红包最多的"土豪"发了近 2000 个红包，抢红包最多的人则抢了近 800 个红包。在微信红包的强力攻势下，微信的绑定量也开始快速增长。一位互联网金融人士称，"总体来看微信绑定量增加 30% 不成问题，肯定会给支付宝形成压力。"而所有的数据在除夕夜当晚达到了一个峰值，仅除夕夜当晚就有 482 万名用户参与了微信红包的活动，并且创下了一分钟内 2.5 万个红包被拆解的记录。

支付宝的"发红包"和"讨彩头"功能反应平平，而微信红包却一夜成名，究其原因就是微信红包的便捷性。这是互联网作用的最直观体现，互联网为社会的发展和生活方式的改变起到了巨大的推动作用，单纯的功能聚集和更新已经无法满足人们日益增长的需求，只有在综合整合的基础上推陈出新，实现数据化网络化的突破，才可能为企业的发展铺就一条全新的道路。

Business Develop

虽然很多人都不是互联网的从业者，但大家必须具备互联网的思维模式，以这样的思维模式看待你所从事的行业。一些原来从事互联网的人开始进入传统行业，比如煎饼果子等。传统行业也应该多引进互联网公司的人才，这样才能不会在竞争中被淘汰。

雷军做了 10 年的传统软件业，软件业看上去与互联网业非常接近，却依然被互联网革了"命"。这促使雷军反思，到底什么是互联网。刚开始他认为互联网是一个工具，现在认为互联网就是一种思想，创新的思维，所以他才从金山出走，投资一系列互联网公司。

对于什么是互联网思维，雷军答案是 7 个字："专注、极致、口碑、快。"周鸿祎认为，互联网思维的关键词有四个，一是用户至上，二是体验为王，三是免费，四是跨界。

而在张瑞敏看来，"互联网思维"包含两层含义：一是并行生产，即消费者、品牌商、渠道、上游供应商利用互联网技术全流程参与；二是经营用户而非经营产品，传统制造业以产品为中心，而未来的制造业以用户为中心。

答案远非简单的这几种，而争议和讨论也将在更长的一段时间内持续存在。但显而易见的事实是，互联网思维所带来的对市场经济理念的再思考，将重塑中国当前的商业环境，一种全新的蜕变正在发生。由"产品经理"这类人的思辨而引发，叫做"互联网思维"的东西。这个思维已经不再局限于互联网，与当初人类史上的"文艺复兴"一样，这种思维的核心即将开始扩散，必对整个大时代造成深远的影响。不止产品经理、极客或程序员，这笔宝贵的思想财富将会造福并且颠覆于人类熟知的各个行业。

拥抱互联网的人不一定能站在新时代的巅峰，但不拥抱互联网的人一定会被时代踩在脚下。

唯有颠覆，
创新从来不是改良的结果

改良肯定不行了，一定要有颠覆。

前几天三马论坛，我去讲了一个观点，这是第三次工业革命的一部分，打比方就像有了电力，以前是蒸汽机，后来有了电力对所有行业都发生了变化，都发生了影响一样。有了互联网，每个行业都可以把它变成为工具，都可以升级服务。当然有了互联网，玩法是不一样了，会有点不一样了，每个行业，就算是金融业没有电之前，以前还有银号，还可以记记账，有银票，也能做，包括股票那时候也没电，也能炒炒，叫叫价钱，也能买卖，有了电之后电子化，一样是升级换代。但是有了互联网之后，我相信每个行业都会有升级换代的这种变化，有人称之为改良，我觉得改良肯定不行了，一定要有颠覆。我是比较客观，为什么一定要颠覆呢？因为只要在这个行业内用互联网的方式做，我会称之为颠覆，你在这个行业扎得很深。就算是电子商务，我们现在看到很多垂直的，比如京东做3C产品，唯品会做服饰，毛利很高的包括有人专门卖钻石的，看似它是互联网公司，实际上还是传统行业，只是用互联网的方式去实现，一定也要在这个行业扎得很深，得知道你的供应链、货源在哪里，怎么做，服务怎么样，是不是很专业。包括很多以前不起眼的，比如搜房网，不知不觉市值已经跟三大门户不差了，和新浪差不多了，以前觉得搜房网好像很小，但搜房几千人在不同的城市扎得很细。还有最近上市的几个企业，比如58同城，包括还没有上市的，比如美团，团购网站几千人，看着不像那种互联网的清新，其实都要扎得很深，只不过用互联网的方式去做，本质上剥掉互联网的壳，还是传统行业，看到这些都是"又是颠覆、又是改良"的一种结果。

——摘自《马化腾在中国企业家俱乐部理事
互访 TCL 站"道农沙龙"上的演讲》

延伸阅读

对广大的用户来说，财付通并不是一个新鲜的概念，财付通再怎样进行改良，终究还是财付通，不可能变成别的东西。而且在电子钱包的新时代，同行之间的竞争不容小视，而且从最初的起步状况来看，财付通难以与支付宝相提并论。

腾讯想改变这样的局面，而且改变这一局面的策略就是彻头彻尾的颠覆。腾讯没有为财付通本身增加更多的功能，而是希望将财付通搭载在其他的平台上，使其最终呈现出"组合拳"的效果，而这一搭载的平台最终被选定为微信。腾讯在线下已经开始构建了一个"战略纵深"体系，并且通过不断的修改完善已经初现雏形。这个体系是以微信的特质为起点，以 O2O 为闭环，直接为微信构建了新的移动 O2O"电商消费场景"。这套体系一旦成熟，最终将形成一个巨大的推动作用：微信或许能够一举成为移动端第一支付工具。

这种改变就是源自一种颠覆。一般情况下，人们说到颠覆，很容易想到功能上的创新。但作为一个支付工具，作用就是支付，再添加其他的功能未免显得鸡肋。支付宝在很长一段时间内稳坐电子钱包的霸主，依靠的就是中国最大的电商消费平台，有阿里巴巴的一天，就有支付宝的一席之地。可以说是这种固化了的消费场景造就了支付宝的地位，这是支付宝的优势，也是支付宝的劣势。

腾讯的颠覆就在于改变了电子消费的场景。腾讯的微信群体是庞大的，多达 6 亿，如果能很好地把握住这一份市场，腾讯无疑就抢占了时代的先机。为此，腾讯制定了一个三步走的计划："第一，坐拥有 6 亿微信用户，加入适当的支付和电商功能；第二、围绕微信的功能特征去构建 O2O 电商体系，创造新的'消费场景'；第三、依靠强大的消费场景，颠覆用户支付习惯"。只要通过这样的战略，成功建立一个全新的消费场景，腾讯就能够坐享移动支付市场的大蛋糕，并且给支付宝带来极大的威胁，成为电子钱包的霸主。

Business Develop

互联网产业对传统产业的冲击不言而喻，传统企业也日渐互联网化，而随着"大数据"的出现，颠覆性的创新已难以避免了。柯达的没落源于"不敢颠覆"。作为胶卷时代的王者——柯达，曾经占据着全球市场份额的三分之二，在其最鼎盛的发展时期员工超过14.5万，其江湖地位可以说相当于今天的苹果或者谷歌。然而，自从有了互联网，数码相机大行其道之后，柯达挣扎多年，并于2013年正式申请破产，从此消失在人们的记忆中。

三年前，微软（Microsoft）亚太区研发集团主席张亚勤首次提出了"三大平台之争"，即第一个是终端的平台；第二个是云的平台；第三个事商务和社交平台之间的竞争。而谁赢得这三大平台间的竞争，就会有下一代IT产业的主导权。如今，这一场注定要旷日持久的争夺战——三大平台之争也进入了新的阶段。

在张亚勤看来，云计算和大数据的结合，对商业竞争的参与者们来说，意味着激动人心的业务与服务创新机会。零售连锁企业、电商业巨头都已在大数据挖掘与营销创新方面有着很多的成功案例，它们都是商业嗅觉极其敏锐、敢于投资未来的公司，也因此获得了丰厚的回报。

"对某个行业拥有深厚知识，并能通过云和大数据的技术手段，快速解决该行业的共性需求和痛点——在未来数年，这样的"小而精"、"快而准"企业会越来越多，并做出有可能改变世界的颠覆性产品。"张亚勤说。

对商业竞争的参与者们来说，大数据意味着激动人心的业务与服务创新机会。零售连锁企业、电商业巨头都已在大数据挖掘与营销创新方面有着很多的成功案例，它们都是商业嗅觉极其敏锐、敢于投资未来的公司，也因此获得了丰厚的回报。

而对于那些拥有行业经验，并熟练掌握云计算开发和应用技能的小型企业，尤其是初创企业来说，则更是意义非凡。最近几年，我们看到的一些明星初创公司，比如 Cloudera，Splunk，Klout，TellApart 等，人员规模只在数十人，但对某个行业拥有深厚知识，并能通过云和大数据的技术手段，快速解决该行业的共性需求和痛点——在未来数年，这样的"小而精"、"快而准"企业会越来越多，并做出有可能改变世界的颠覆性产品。很高兴看到，在北京中关村，在微软的云加速器二期，也有类似的初创企业加入，和硅谷、海法的创业者们一起，把握住了时代的脉搏。

　　总而言之，云计算和大数据的结合，将对今后的政治、经济、科技、民生产生难于估量的影响。无论是做硬件、做平台，还是做应用、做服务，归根结底都是以数据为核心、以数据为动力，来提升产品对用户的引力、强化企业竞争力、创造新的商业机遇。数据已经被认为是宝贵资源，任何一家有雄心、渴望获取洞察力的企业，都应及早制定大数据战略和方案。否则，所有的机会将被"数据鸿沟"所延宕。

顺应潮流需要勇气，稍不注意就会倒下

腾讯虽然现在市值很高，但我们很怕，稍微不注意，跟不上就会倒下，巨人倒下时，身上还是暖的。

我曾经在公司还没上市前，跟少数创业伙伴里也喜欢天文的同事说，我们没时间观测天空，光污染又很严重，能不能找个地方装个望远镜，让我随时在电脑上可以观测天文，还可以分享给所有朋友？当时就是一说。后来没想到后来，聊过的两个同事有一天告诉我他实现了这件事！他到云南丽江雪山上面买下一个民居，装上了望远镜，可以远程把观测图像分享给我。

你们可能要说为什么他随随便便就能买个房子？因为他是腾讯的创始员工。虽然我们在做企业，但也还是在追求科技、在做一些很酷的想象中的事情，这是梦想。

未来互联网会走向何方。我作为一个从业者谈几个方面的感受。

40多年前计算机开始迅猛发展，全世界计算机连接了起来，同时诞生很多新问题。对我们来说，这是一个全新的世界。很多企业觉得互联网是个新经济、虚拟经济，它跟传统行业没有关系。但我想借助一些案例说明这是个大趋势，它不再是新经济，而是主体经济不可分割的部分，已经很多实习经济、设备都链接在一起。

"顺应潮流的勇气"，很多人知道应该这么走，事到临头又被很多既得利益牵绊。我们知道柯达，它发明了数码相机，但为了卖交卷，

却希望数码相机被越晚发现越好。结果它输了。离我们这个行业很近的，还有诺基亚、黑莓。一年半前你想不到诺基亚怎么会倒得这么快。曾经2000亿市值，现在70多亿卖掉。黑莓还卖不掉。当时我们看他们觉得是小弟弟。

腾讯虽然现在市值很高，但我们很怕，稍微不注意，跟不上就会倒下，巨人倒下时，身上还是暖的。说是你拿到了什么船票门票，但能不能走下去还不一定，还要很深的思考。

因此，我们在内部做了很多的改革调整，希望跟大家共同努力。

——摘自《马化腾：通向互联网未来的七个路标》

延伸阅读

免费是互联网的精神。在日常生活中免费越来越成为一种行销手段，甚至有的时候大家会觉得它是一种欺骗手段。在现实生活中，一般情况下免费服务、免费产品难以为继，只可能成为一种营销手段。免费试吃、免费试偿都是阶段性的。打个比方说：小区突然来了一帮白大褂的人号称义诊，免费看病。有经验的人看到这一幕时，脑子里就会响起警钟，这些人肯定是来卖药的，免费背后是有目的的。但是互联网不是这样的。

互联网有一个特点，上面的所有产品和服务都是虚拟、数字化的，有可能研发成本是固定的，大家可以免费下载、免费访问。这时候你会发现，比如说你做了一个东西，花了1万块钱，如果有1万个人用，摊到每个人身上的成本是1块钱。如果有1亿个人用呢？你会发现你摊到每个人身上的成本几乎可以忽略不计。但是，有了1个亿的用户之后，无论是做增值服务，还是做广告，每个人有一个UP值，相当于每个用户因为这种商业模式给你贡献的收入，它会超过每个人分摊的成本。这就使得互联网上免费的模式不仅可行，而且可持续，甚至有可能会建立新的商业模式。

大家都用微信，微信也闹过一段时间的"收费"风波。腾讯是一家互联网公司，用互联网的游戏规则看，微信为什么能颠覆运营商，是因为微信把运营商收费的短信和彩信给免费了。大家为什么喜欢用微信？就是因为它把体验做得比短信好，又免费。只要你有流量，你有 WIFI 就不需要掏短信的钱，发一张照片也不需要为彩信付 5 毛钱或者 1 块钱。它迅速地把运营商从通信这个层面干掉了。但是，腾讯的这种运作模式在很多人看来是一种骗子行为，一定是先免费把我们干死，然后再收费。这是用传统的眼光看互联网，这是错的。互联网上谁要敢收费，后面还有一堆人等着免费呢。

微信的发展仍旧呈现出一个快速上升的趋势，很多业界人士都认为，腾讯的发展蒸蒸日上，赶上了互联网时代的快车，发展如日中天，不可同日而语等，赞许声一片。然而，马化腾并没有因为这种向上的局面而松一口气，因为互联网焦虑是这个时代的企业通病。"互联网时代、移动互联网时代，一个企业看似好像牢不可破，其实都有大的危机，稍微把握不住这个趋势的话，其实就非常危险的，之前积累的东西就可能灰飞烟灭了……"马化腾如是说。

因此跟 14 年前互联网浪潮一样，每一次信息技术的革命，给企业界带来无穷想象空间的同时，也带来了转型的危机和被淘汰出局的恐慌。因此，顺应潮流需要勇气，稍不注意就会倒下。

Business Develop

奇虎 360 起步时，只能算是电脑杀毒行业的一名新兵。和诸多的免费软件一样，360 最开始也面临"如何赢利"这一问题的考验。免费是中国软件业不可回避的一个潮流，如何在没有任何收入来源的情况下继续运营？顺应互联网免费大潮的奇虎也在探索自己的赢利模式。但在周鸿祎的领导下，360 安全卫士却以"狠狠的"免费招式掀起了安全领域的风暴。作为中国 PC 客户端的鼻祖，周鸿祎始终恪守着"用户需要什么就要什么"的理念，尊重用户体验的价值。所以 360 杀毒软件走入市场时，并没有立刻追求付费的模式，而是采用免费的方式，给用户以选择权。

事实上，360 安全卫士推行的赢利模式很简单：普遍性服务免费，增值服务收费。这样一来，360 的行为既符合潮流，能够得到用户的拥戴，又能够维持自身的运作，蓄力实现发展。周鸿祎和他的团队认为，免费的软件能够吸引足够大的用户群。只有足够多的用户，才能为未来的赢利创造良好的基础。在软件价格低廉的情况下，即使有 1% 的 360 用户，每个月哪怕花费几块钱，付费也是庞大的市场。这也是周鸿祎对投资免费互联网软件看好的原因之一。另外 360 杀毒里面还有一个软件推荐功能，这些软件如果想长期获得 360 杀毒的推荐，就需要支付一定的费用。360 安全浏览器，上面集成谷歌、百度、有道搜索框，每天有成千上万的人在使用，这些搜索框每天都在给 360 带来利益，同时 360 安全浏览器中投放的文字广告也会带来不少收入。

凭借着 360 安全卫士等免费软件，奇虎获得尽可能多的用户群，并通过提高软件功能和丰富多样的产品种类来满足不同客户的需求。对于那些只有少数人需要的个性化服务，奇虎 360 将针对部分用户提供增值服务从而赢利。2010 年，360 安全卫士推出首个增值服务——在线存储和安全备份。

随着 3G 时代的到来，手机平台也越来越开放，各色各样的手机病毒日益浮出水面，手机的信息安全也成为消费者关注的问题之一。奇虎 360 公司加速在手机安全领域布局，为其在安全领域的下一步扩张做好铺垫。同时，奇虎也在积极部署未来的"云安全"领域，360 的数据中心部署了 5000 多台服务器，通过专业的搜索技术、海量的用户基础，三者共同建立起了云安全体系，从而为消费者提供更加有效的服务。

拥有了庞大的消费群体，自然就拥有了获取利润的方法。目前，周鸿祎旗下拥有 360 安全卫士这一免费软件平台，以及 360 杀毒，360 手机浏览器，还有手机上的 360 安全卫士等多款免费产品。而这些免费的产品正是周鸿祎的"立企之本"，他希望通过"免费"模式，像腾讯 QQ 一样抢占用户桌面，从而获得长久的发展动力。

在诸多赶免费潮流的软件之中，很多软件不堪免费带来的运营负担纷纷倒下或退出，而 360 却逆势前行，不仅以极快的速度赶超同行，获得了很好的市场认可度，而且以其良好的口碑，在用户的电脑桌面上牢牢地占据着属于它的一席之地。

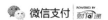

第二章
抓住机会"玩"出梦想

要充满兴趣，带着热情、责任心去玩，就能够到达理想中那个让生命发光的地方，抓住机会也能玩出一片成功的新天地。

我的天地 **兴趣 + 勤奋 + 机遇 = 新领域**

玩是用一种
研究的心态去尝试

所谓的玩，是想知道这个东西为
什么好，用户为什么会喜欢它，是用
一种研究的心态去尝试。

中国新闻周刊：你是从一个超级网虫做起来的，最开始接触网络
的时候，是不是一种玩的心态？

马化腾：并不是这样。一开始接触网络，我就知道它哪些方面是
有用的。我是有目的地选择，并不只是玩。所谓的玩，是想知道这个
东西为什么好，用户为什么会喜欢它，是用一种研究的心态去尝试。

我开始做的时候就不是一个简单用户。做惠多网时，我做到站长，
相当于现在的一个网站。当时我就觉得很有用，觉得这个东西可以提
供新的通讯方式。以前是4根电话线只能4个人同时用，现在是上万
人可以同时访问互联网。这样我的舞台就大得多了。

那时候，你发现通过电脑，可以跟远程的人这样交流，这就很有用啊，
以前你找不到这样的方式。第一次用网络服务是通过BBS，下载一个防病
毒软件瑞星。那时候你就会觉得很神奇。这种体验很不一样，而且很有用。

——马化腾接受《中国新闻周刊》采访

延伸阅读

在马化腾看来，无论是公司的名称，还是可爱的QQ仔形象，都是一次次
不经意的偶然所带来的。但把腾讯公司的崛起归因于偶然，不如归因于自然。

8 年前没人会把 OICQ 这个供人 "kill time" 的小玩意当回事，但它就是这么，在不经意间顺其自然地成长起来了，这也是 "小马哥" 当年始料未及的。

马化腾说："玩也是一种生产力。"马化腾玩出了艺术，玩出了财富，玩出了一个互联网传奇。"网上很多的新体验我都会使用。"在互联网为国人所熟知之前，网络的乐趣只属于少数知道惠多网的网迷，马化腾就是其中之一。从那时起，他就享受了网络带来的种种惊喜，他说："在网上我才会获得完全的兴奋。"

半年后，马化腾投资 5 万元在家里搞了 4 条电话线和 8 台电脑，自告奋勇承担起惠多网深圳站站长的角色，在工作之余每天忙得不可开交。久而久之，深圳 "马站" 在惠多网上声名鹊起，但很少有人知道马站长其实只是个 20 出头的年轻人。

网络开阔了马化腾的眼界，也让他结识了不少人，其中既有成为其事业核心的即时通讯 OICQ，也有成为日后对手的网易 CEO 丁磊。

当马化腾还是深圳某公司里的一名打工仔的时候，一次偶然的机会，让他接触了以色列人发明的一种私人 "玩具" ——ICQ。精明的马化腾在体验到 ICQ 带来的快乐时，也发现了 ICQ 无法在中国迅速发展的原因，那就是缺少中国版本。

于是，马化腾想搞一个中文的 ICQ，立即叫上几个朋友成立了一家公司，仿照 ICQ 搞一个中国的 ICQ。直觉告诉他，这个东西很好，好到可以成为 "互联网寻呼机"。事实证明，他的预想是完全正确的。

马化腾对网络除了玩在其中、乐在其中外，更精明而沉着地将包含着自己创新理念的拿来主义发挥得淋漓尽致。

Business Develop

在工作早已超越 "朝九晚五" 界限的今天，当我们不得不面对越来越多的责任、越来越大的挑战时，如果仍旧恪守 "有痛苦才有收获" 这样的界定，那么，我们所付出的代价，未免也太大了一点儿。

工作，也可以跟玩乐相结合，也可以让人在享受乐趣的过程中，创造成就感。心理学研究表明，人在心情愉悦时更有效率、更有创造性。对于那些带着 "玩" 的心态成功的人，我们不妨将其称作 "玩一代"。

在发掘新经济崛起的整个过程中,我们可以发现在"玩"中走向成功的一些人。比如,IT风暴带来的不仅仅是科技大革命。当时,全世界的上班族都在惊呼:"他们在工作时居然不用穿制服!"旁人眼中的IT精英们居然穿着T恤和牛仔裤在全球最顶尖的公司里穿行,随之而来的便是"星期五便装革命",即每个周五,各大公司的职员们都穿着自己最心爱的便服上班,不用身着套装做一个"装在套子里的人"。

工作已经不再是听上去紧绷绷的一个名词,在工作中很多人都可以既玩得很开心,又做得很成功。比如,如果你来到Google总部,也许就会觉得是走错了地方。因为Google员工的工作空间并不像办公室,而像是某间大学实验室;程序员们穿着汗衫和沙滩裤,在走廊里来回走动;他们还经常在工作间里推着自行车或牵着一只狗……

玩,从本质上而言,产生于兴趣。越来越多的人已经认识到"玩"的重要意义,这一点明确体现在他们对后代的教育理念上,他们说,等以后有了孩子,一定大力支持他"玩"自己感兴趣的东西:"世上不止考试读书这一途,不管什么样的兴趣,玩上个10年,早成了专家,还怕靠它养活不了自己?"

如今,这样的例子比比皆是:热爱摄影的外语系学生,不小心"玩"成了摄影师;理工科专业的文学青年,不小心"玩"成了广告公司创意总监;甚至连沉迷于PS游戏的游戏玩家,也一不留神就"玩"成了代表国家出战世界大赛的PS高手。

有兴趣,才有乐趣。"玩一代"的信条是:很好玩,很会玩,很值得玩。这里所谓的"玩",只是乍一眼看上去的外在形式,只要玩得认真,玩得出色,玩得有心得,一样能玩出一片成功的新天地。

由此,我们可以总结出这样几句关于玩的"注意事项":

1. 成功永远不必拘泥于方式,你可以痛苦地成功,也可以玩出美好的未来。

2. 要充满兴趣、带着热情去玩,并且持久地玩,如果三天打鱼两天晒网地玩,没有人能玩出成功的事业。

3. 带着责任心去玩,工作中的玩只是一种愉快的工作形式,内在的责任心是永恒不变的。

4. 玩其实是追求梦想、寻求自我的一种生活方式。过去人们认为梦想是需要千辛万苦才能抵达的地方,其实完全不必那么沉重,带着玩的心态,同样也能够更好地逼近理想中那个让生命发光的地方。

QQ
不是工作，是兴趣

站在用户的角度，去体验并提升
自己的产品。

《外滩画报》：这次腾讯网站的改版，我了解到，是你亲自操刀一年半时间修改出来的，甚至包括网站的美工，都由你自己亲自体验完成。而其他处在你这个地位的人，很少像你一样，对具体的业务花这么大的心思。对你来说，你最大的乐趣是不是来自技术？你认为自己是个怎样的管理者？

马化腾：腾讯内部都称我"首席体验官"，我觉得你提的这些都是首席体验官角色的日常功课，站在用户的角度去体验并提升自己的产品，也是这个角色最大的乐趣，我一直很喜欢这样的角色。

——马化腾接受《外滩画报》采访

延伸阅读

马化腾称："对我来说，现在 QQ 不是工作，是兴趣。"当工作成为一种兴趣的时候，自然也就少了许多压力，进取之路也就会轻松很多。

其实，马化腾最初在润迅任开发部主管职位时，与他对于互联网的兴趣是发生冲突的。作为开发主管，公司要求马化腾的大部分精力和时间必须放在寻呼业务上，而对于马化腾提出关于互联网方面的相关开发，由于当时寻呼业的火爆形势，润迅并不重视。由于职业不能与自己的兴趣互联网关联，作为中国最早的一批网民，已经深刻认识到互联网价值的马化腾开始有了离开润迅和自主创业的想法，但唯一让马化腾感到担心的就是做互联网软件是否有前途。

"丁磊后来的成功为我带来了启发，只要去做，在互联网上没有什么事情是不可能的。" 1998 年 2 月，由于资金紧张，在丁磊将耗时 7 个月写出的网易免费邮箱系统及 163.net 域名以 119 万元的价格卖给了位于广州的飞华网之后，对于摇摆不定的马化腾而言，中国互联网未来的走向无疑开始变得清晰起来：网络必然会成为今后的一种潮流。从现在看来，马化腾当时的决定尽管有着一定的风险性，但无疑是明智的——随着手机的兴起，寻呼业务迅速地走向衰落。

不管是初创业阶段还是公司高速发展时期，马化腾每天都会花大量的时间和精力来体验公司的产品和服务。小米科技 CEO 雷军曾说："世上能有几个人做到脚下踩着百亿财富，半夜了还淡定地坐在电脑旁边安静地研究产品？"

马化腾在企业发展到这么大规模的情况下，仍然盯着产品第一线，关注产品细节，而不是像有一些大企业 CEO 把精力花到飞机和游艇上，是中国企业家的楷模。创业十几年，他似乎一直保持着兴趣："我感兴趣的互联网产品，腾讯都做了，哪天如果让我遇到更新的，就想着自己的公司也赶快做一个。"

现在，马化腾每天的互联网生活，包括看资讯、搜索、购物、付款、玩游戏，全部使用自己公司的产品完成，这在某种程度上也成了他创业成就感的来源。

Business Develop

心理学上，兴趣是指一个人力求认识某种事物或爱好某种活动的心理倾向，这种心理倾向是和一定的情感联系着的。"我喜欢做什么？我最擅长什么？"一个人如果能根据自己的兴趣去设定事业的目标，他的积极性将会得到充分发挥，即使在工作中历尽艰辛，也总是兴致勃勃、心情愉悦的。

巴菲特六七岁时就对股票产生了兴趣，8岁便开始阅读有关股票市场方面的书籍。"我心中一直有这样一种遗憾，那就是我没有早一点开始从事股票。"

随着年龄的增长，他对股票市场的痴迷有增无减，开始绘制股票市场价格升降图表。"我对和数字与金钱相关的任何事情都非常感兴趣。"后来巴菲特把股票市场价格升降图表和大多数偏离对公司作出基本分析的东西都叫作"小鸡走路的痕迹"。

在10岁的时候，巴菲特开始在他父亲的经纪人业务办公室里做些像张贴有价证券的价格及填写有关股票及债券的文件等工作。

11岁时，巴菲特开始小规模地购买股票：他以每股38美元的价格，购买了3股受欢迎的城市服务股票，当时，这就是他的资本净值。小巴菲特还说服他的姐姐多丽丝和他一起投资。

在接受《福布斯》杂志采访时，巴菲特说："11岁时我就对股票非常感兴趣，那时，我在哈里斯·尤浦汉姆公司打工，负责在木板上做标记，我父亲是那里的股票经纪人。我负责全面工作，从股市行情提示到制图资料，所有的一切。当做完这一切后，我就拿起格雷厄姆的《证券分析》来读，阅读这本书就好像是在茫茫黑夜看到了来自远处的灯光。"

兴趣在哪里，成功就在哪里。巴菲特对于投资领域的兴趣是常人难以想象的，也正是这股热情让他在年少时期就打下了深厚的投资功底，以至于对后来的投资事业乐此不疲。对同样因兴趣而对互联网行业有极大热情的马化腾来说，他的成功也不是偶然的。

机遇是条鱼，
看你怎么抓住它

觉得是有机会要抓住，而不是不抓住机会，但是在抓住机会作决策的时候一定要想清楚。

主持人：马总会不会担心机会的流失，而且是在这些机会和危机大量并存的时候？

马化腾：不会。我觉得是有机会要抓住，而不是不抓住机会，但是在抓住机会作决策的时候一定要想清楚。我感觉到很多人是没有想清楚，觉得差不多就去了，是一种博的心态，多问几句，他答不出为什么，我觉得这样很危险。

如果你想得很透，前因后果，遇到障碍往哪里拐，遇到问题怎么办，如果想透了以后，投资者会很放心交给你做，如果想不清楚，只是凭感觉就不好了。

——马化腾接受《腾讯网》采访

延伸阅读

2008 年 11 月 11 日，腾讯迎来了自己的 10 岁生日。11 月 13 日，腾讯发布的财报显示其第三季度总营收达 20.25 亿元人民币。当互联网弥漫着过冬的气氛时，马化腾却似乎并不受困扰。

腾讯能取得如此突出的成绩，得益于马化腾这样的观点："如果在冬天过分谨慎将丧失机会，对未来长远发展不利。"

2008 年，受美国次贷危机和全球性的通胀风险等不确定因素影响，全球性经济衰退迹象初步显现。对此，马化腾认为，全球经济确实面临衰退威胁，而且看不到好转的迹象，但对互联网来说，不同的业务板块影响不一，整体来说，中国的互联网依然保持着强劲的增长势头。

金融危机对创业型互联网公司冲击最大，马化腾认为："只要企业最终能够活下来，未来几年还有机会再来。"创业型公司一定要抓住转瞬即逝的机会。

一些公司还没倒掉，他就已经开始留意寻找技术平台能与腾讯平台结合的公司。马化腾认为，留意并购机会，此时进行战略布局，对于企业后 20 年的行业地位有着至关重要的作用。

当然，腾讯也不是为并购而并购，任何收购行为都是为了进一步拓展对业务发展有帮助的领域。腾讯此前发布的截至 2009 年 3 月 31 日的一季度财报净利润同比增长了 94%，从一年前的 5.42 亿元人民币增加到 10.5 亿元人民币。但马化腾并不打算将钱用来派息，而是计划将其用在拓展事业版图上，"公司一直在进行中小型的并购，确保增值服务供应链的稳定性，收购对象主要是亚洲内容提供商，如手机游戏、网络游戏、韩国的游戏开发商等，交易的规模从数百万至数千万元人民币不等"。

在拓展事业版图过程中，马化腾保持一贯的慎重。他形象地说，看到机会后，可以先尝试着跨出一个虚步，看看脚下是不是比较稳妥，如果是，再大步走出去。

紧贴市场导向，一直是腾讯业务布局遵循的产业逻辑，但市场是不断变化的，老牌互联网公司要在不断出现的新市场机会和商业模式挑战之下，有选择地将长期、中期和短期业务关联、组合、布局。

"腾讯将积极拥抱未来的机遇与挑战，并正在进入一个新的投资周期。"马化腾在 2010 财年财报发布会上表示，除了持续投资现有业务，腾讯还将在微博、电子商务、搜索及网络安全等一些新的战略领域进行大量资本投入。

Business Develop

弗里德里希·冯·席勒曾经说过："过于谨慎之人将一事无成。"成功需要辛勤的付出，更需要勇气和冒险的精神，在面对工作的时候，畏首畏尾，犹豫不决，过分小心谨慎，患得患失，往往只能选择别人剩下的东西，接受一些没有挑战性的工作，从而丧失成功的机会。只有克服畏惧心理，勇敢地面对挑战，相信自己的能力，才能抓住工作中的机遇与挑战，走向成功。

在现实生活中，很多人获得一些成就之后，即便是很小的成就，就不愿去冒险打破现状了，他们会想：我都有这些收获了，干吗还要去冒险呢？谁知道前面是鲜花还是荆棘呢？可以说，这正是他们成为穷人，而别人能致富的原因。

美国百货业巨子约翰·甘布士就是一个敢于冒险并善于抓住成功机遇的人。有一年，由于经济萧条，不少工厂和商店纷纷倒闭，被迫贱价抛售自己堆积如山的存货，甚至1美元可以买到100双袜子。

那时，约翰·甘布士还是一家织造厂的小技师。他马上把自己的积蓄用于收购低价货物，人们见他这样做，都嘲笑他是个蠢才。

甘布士对别人的嘲笑漠然置之，依旧收购各工厂抛售的货物，并租了一个很大的货仓来贮货。他的妻子忧心忡忡地劝告他，不要把别人廉价抛售的东西购入，家里的积蓄有限，如果此举血本无归，那后果便不堪设想。甘布士笑着安慰她道："3个月后，我们就可以靠这些货物发大财了。"

十多天后，那些工厂即使贱价抛售货物也找不到买主了，便把所有存货用车运走烧掉，以此稳定市场上的物价。妻子看到别人在焚烧货物，不由得焦急万分，抱怨起甘布士来。对妻子的抱怨，甘布士一言不发。

终于，美国政府采取了紧急行动，稳定了物价，并且大力支持厂商复业。这时，由于焚烧的货物过多，存货欠缺，物价一天天飞涨。甘布士马上把自己库存的大量货物抛售出去，一来赚了一大笔，二来使市场物价得以稳定，不致暴涨。

在他决定抛售货物时，妻子又劝告他暂时不忙把货物出售，因为物价还在一天天飞涨。甘布士平静地说："是抛售的时候了，再拖延一段时间，就会后悔莫及。"果然，甘布士的存货刚刚售完，物价便跌了下来。他的妻子对他的远见和冒险精神钦佩不已。甘布士用这笔赚来的钱，开设了5家百货商店。后来，甘布士成了全美举足轻重的商业巨子。

有人觉得，甘布士的成功是偶然的，真正了解他的人却不这么认为。一位和甘布士要好的经济学家评价说："这位希腊人找到了成功的钥匙：敢于冒险是通向成功的正确道路。"还有一位经济学家说："他很擅长到其他人认为一无所获的地方去赚钱。"寥寥数语，道出了甘布士成功的秘密。

其实，穷人与富人的差别就在于观念。富人从骨子里就深信自己生下来不是要做穷人，而是要做富人，他们有强烈的赚钱意识，会想尽一切办法使自己致富，不甘平庸，不怕风险是他们血液里的东西；而穷人过于谨慎，他们认为少用等于多赚，不冒险就是安全的。

比如开一家餐厅，收益率是100%，投入2万元，一年就净赚2万元，对于穷人来说这已经很不错了。穷人即使有钱，也舍不得拿出来，即使终于下定决心投资，也不愿意冒风险，最终还是走不出那一步。穷人最津津乐道的就是鸡生蛋，蛋生鸡，一本万利……但是投注在一只母鸡身上的希望，毕竟是极为有限的。

而富人的出发点是万本万利。同样是开面馆，富人们会想：一家面馆承载的资本只有2万元，如果有一亿元资金，岂不是要开5000家面馆？要一个一个管理好，大老板得操多少心，累白多少根头发呀？还不如投资宾馆，一个宾馆就足以消化全部的资本，哪怕收益率只有20%，一年下来也有2000万元利润。

很多时候，能不能干成事，首先要看你有没有冒险意识。如果总是按部就班地工作，虽然很难出大错，但也绝对不会做出成绩。我们要有"燕雀安知鸿鹄之志"的激情，有解决问题的魄力和方法，有十足的自信，才能有所成就。

对自己着迷的事情完全有能力做好

其实创业期间不幸的东西也挺多的，就是要自己去扛、自己想办法。

1998 年我刚刚创立腾讯的时候，互联网产业在中国正处在蓬勃初期。当时网民才 300 万，不到现在的零头，现在（2009 年）已经超过 3 亿，是那时的 100 倍！那时候的环境还没有这么好，获得风险投资的机会刚刚开始有，但那时候机会也非常小。我们开始也曾面临很大困难，互联网泡沫破灭，资金融资困难，还有投资等问题，这些对我们压力非常大。

那个时候是很难的，我倒羡慕今天很多创业人士，他们比我们那个时候真是容易太多了，然而，实际上很多投资者也是冒了很大风险的，概率也越来越低。做公司要对股东、投资者负责。腾讯经历的最艰难的时刻是 2001 年风险投资进来的时候，那时候面临下一步融资，那段时间比较难熬。当时行业泡沫嘛，腾讯资金也比较艰难，当时账面上只有 100 万美元。

创业初期，腾讯也没想过要成什么样。我只是觉得有机会去做，发挥所长，也有点回报。初期运气占得比较重，至少 70%。但是，2001 年之后主要靠自己，靠对用户价值的挖掘与尊重。其实创业期间不幸的东西也挺多的，就是要自己去扛、自己想办法。

——摘自《"QQ 之父"马化腾自述：创业靠自己》

延伸阅读

20世纪90年代初期，中国的IT产业刚刚起步，技术、理念和产品大多来自国外。一次偶然的机会，马化腾接触了——个曾经风靡全世界的即时通信软件——ICQ。它是一款由以色列人开发的即时聊天工具，当时在国内鲜为人知，在那个电脑尚未普及的年代，马化腾就已经看到了机会。

马化腾认准了ICQ是个好东西，因为在他看来，ICQ可以做PC机之间的传呼机，那个时候，手机是富豪的标志，大多数人用的是BB机（能接收文字信息的机器）。

当时，ICQ忽略了正在悄然崛起的中国，他们没有设计中文版本，更没把中国大陆市场列在自己的营销策划书中。于是，马化腾想到搞一个中文的ICQ，并很快叫上几个朋友成立了一个公司，仿照ICQ搞一个中国的ICQ。

1998年，离开润讯通信的马化腾带着炒股赚来的一笔资金，和4位同学共同创办了腾讯计算机系统有限公司。那一年，互联网产业在中国正处在蓬勃初期，网民仅有300万，不到现在的零头。

跟其他刚开始创业的互联网公司一样，资金和技术是腾讯最大的问题。"先是缺资金，资金有了软件又跟不上。"1999年2月，腾讯开发出OICQ，即腾讯QQ，它很快受到用户欢迎，注册人数疯长，很短时间内就增加到几万人。人数增加就要不断扩充服务器，而那时对于一两千元的服务器托管费，公司都不堪重负。

1999年11月，也就是在QQ推出的第十个月，注册人数已经超过100万，这是马化腾从未想到的。也就是在那个月，腾讯公司的账面上只有1万多元了，连工作人员的工资都发不出。

"创业第一年里，我们一直喂不饱那只小企鹅，赚钱模式看不到。那个时候时间好像过得特别快，稍微一眨眼，一个月就过去了，意味着你又要给员工发钱了。"

在这种窘境下，有人建议马化腾把这个小有人气的软件卖掉。但马化腾选择了坚持，说："再好的项目也如同那张暗藏艰险的藏宝图，除了努力，没有人送你去那个地方。"

在腾讯最艰苦的一段时间，马化腾和他的创业团队在一间简陋的办公室里，夜以继日地干着一些平时根本"不放在眼里"的活儿，为的只是赚到一点点钱，再投入 QQ 这个"无底洞"里。

不久，第一次网络泡沫席卷了整个中国互联网，上世纪 90 年代末期可以说是腾讯的冬天，因为腾讯打算要出手让贤了。腾讯高层找过中华网、新浪，说可以卖 100 万元，可是，中华网、新浪的高管层都拒绝了。

软件卖不掉，用户增长又很快，运营 QQ 所需的投入越来越大，马化腾只好四处去筹钱。找银行，银行说没听说过凭"注册用户数量"可以办抵押贷款的；与国内投资商谈，对方关心的大多是腾讯有多少台电脑和其他固定资产。

1999 年，互联网热已经从美国"烧"到中国，但中国风投市场还没有现在这般火热，像腾讯这样的初创型互联网企业获得风险投资的机会非常小。幸运的是此时面临生存瓶颈的腾讯迎来了一个机会。

这年下半年，首届高交会（高新技术成果交易会）在深圳举行，也将全国乃至全球的投资者吸引到深圳。在这一届高交会上，马化腾拿着改了 6 个版本、20 多页的商业计划书跑遍高交会馆推销 QQ 和腾讯。

一开始，站在展台前的这个年轻人并未引起太多参会投资机构的关注。回忆起当时的情况，深圳本地一家知名创投企业的投资经理至今还有些惋惜，虽然和马化腾交谈了两次，但因为不熟悉互联网即时工具，QQ 最终未能入选。最后，腾讯引起了 IDG 和盈科数码的重视。

"他们给了 QQ 400 万美元，分别占公司 20% 的股份。QQ 发展到 1 万用户时，这笔钱还没用完。"有了这笔资金，公司买了 20 万兆的 IBM 服务器。"当时放在桌上，心里别提有多美了。"马化腾回忆起当时的情景，还是喜不自禁。

2000 年底，中国移动推出"移动梦网"，实行手机代收费分成，马化腾开始做短信。2001 年年底，腾讯实现了 1022 万元人民币纯利。

2002 年，腾讯净利润 1.44 亿元；2003 年，腾讯净利润 3.38 亿元。2004 年 6 月 16 日，腾讯在中国香港联合交易所主板上市，马化腾持 14.43% 的股份。

Business Develop

中国著名企业家马云说："对所有创业者来说，永远告诉自己一句话：从创业的第一天起，你每天要面对的是困难和失败，而不是成功。困难不是不能躲避，而是不能让别人替你去扛。"创业的先决条件，不是有多好的项目、多雄厚的资金，而是诸如坚韧、执著、坦然等无与伦比的创业精神。只有拥有创业精神，才能够突破困难，打开成功的大门。

"经营之神"松下幸之助并不是生活的幸运儿，但是不幸的生活促使他成为一个永远的抗争者。松下电器公司并非是一个一夜之间成功的公司，创业之初，正遭遇第一次世界大战，物价飞涨，而松下幸之助手里的所有资金还不到 100 日元。公司成立后，最初的产品是插座和灯头，然而，产品遇到棘手的销售问题，工厂竟到了无法维持的地步，同事们相继离去，当时的困难可想而知。

但松下幸之助把这一切都看成是创业的必然经历，他相信：坚持下去取得成功，就是对自己最好的报答。功夫不负有心人，当 6 年后他拿出第一个像样的行车前灯时，生意逐渐有了转机，公司慢慢走出了困境。

然而，走出困境的松下电器公司所面对的并不是一帆风顺的坦途，而是一系列坎坷困窘。1929 年经济危机席卷全球，日本电器销量锐减。第二次世界大战使日本经济走向畸形，松下幸之助变得一贫如洗，他所拥有的是高达 10 亿日元的巨额债务。为抗议公司被定为财阀，松下幸之助不下 50 次地去美军司令部进行交涉，其中的苦楚自不必言。

在 94 岁高龄时，松下幸之助说："你只要有一颗谦虚和开放的心，你就可以在任何时候从任何人身上学到很多东西。无论是逆境还是顺境，坦然的处世态度往往会使人更加聪明。"他用他的成功向人们表明，一个人只有从心理上、道德上成长起来时，他才可能成就一番事业。

专注做
自己擅长的事情

只有我们一家公司专注于做即
时通信服务，专注使我们技术上有
了积累。

最初有几家有实力的企业都在做与我们类似的事，可只有我们一家公司专注于做即时通信服务，专注使我们技术上有了积累。

其他公司多采用外包形式开发，不是自己去做，只用合同约束，用户接触的只是一个客户端的软件，这个软件工作量其实并不大，到一定规模肯定不行，当时几家公司在用户达到 1000 左右就不行了。我们与他们不同，在后端做的工作更多，难度也更大。

——摘自《马化腾：让 QQ 动起来》

延伸阅读

"他是一个专注的人"，几乎所有了解马化腾的人都会用"专注"这个词来评价他。身处深圳，大把的新机会往往来得快去得也快，而且很多新鲜事物仅仅停留在概念层面，这使得马化腾并没有十足的信心去尝试。

在三五个月热点便会轮流转的互联网界，腾讯十几年都在做而且只做完善和规范 QQ 服务的工作，是国内唯一专注从事网络即时通讯的公司，腾讯的成功并非偶然。

在当选 2004 年"CCTV 中国十大年度经济人物"之一发表获奖感言时，马化腾说了一句自勉的话：荣誉是暂时的，我们还要坚持一贯的作风——专注、务实，在今后继续尽心尽力地为网民提供更加完善的服务。

马化腾认为，腾讯的产品质量是保证腾讯成功的一个重要原因，而保证产品质量的方法很简单：专注地做自己擅长的事情。在他看来，专注并不代表硬着头皮撞南墙，"在前进的过程中，发现机会就要立刻把握它，要有敏锐的市场感觉，这种变化给过我们压力，却也是我们成功的契机"。

在腾讯内部，构思一个项目往往很早，比如电子商务，但往往要搁置一两年后才正式推出。因为资源有限，一段时间只能专注在一个业务上，业务要排优先级。

即使当前腾讯在互联网业务上全面开花，马化腾也认为自己并没有分散精力："从表面上看，大家觉得腾讯现在什么都在做。实际上，我们一切都是围绕着以 QQ 为基础形成的社区和平台在发展的。"马化腾的意思很清楚，腾讯一定是专注于 QQ 的，他希望"专注做自己擅长的事情"能够继续腾讯的辉煌。

"专注地做自己擅长的事情"，现在已经成为腾讯企业文化的一部分，马化腾的认真和专注更成了腾讯人最可信赖和依靠的支柱。

Business Develop

歌德曾这样劝诫他的学生："一个人不能骑两匹马，骑上这匹，就要丢掉那匹，聪明人会把凡是分散精力的要求置之度外，只专心致志地去学一门，学一门就要把它学好。"当一个人能够一心一意去做一件事时，成功才会向他伸出双手。

在 2006 年之前，低调的张茵对于大众而言，还是一张很陌生的面孔。一夜间，"胡润富豪榜"将这一当年中国女首富推出水面，在美国《财富》杂志"2007年最具影响力的商业女性 50 强"中，她又被称为"全球最富有的白手起家的女富豪"，这个颇具传奇色彩的商界女强人，瞬间成为公众关注的焦点。

张茵出生于东北，走出校门后，做过工厂的会计，后在深圳信托公司的一个合资企业里做过财务工作。1985 年，她曾有过当时看来绝好的机遇：分配住房，年薪 50 万港币……然而，张茵选择了只身携带 3 万元前往中国香港创业，在香港的一家贸易公司做包装纸业务。

一直指导张茵的财富法则就是做事专注而坚定，看准商机就下手，全心全意去做事。对于中国四大发明之一的传统行业——造纸业，张茵情有独钟，倾注了很多心血：从中国香港到美国，再到中国香港，继而把战场转向家乡、扩大到全世界，她的足迹随着纸浆的流动遍布全球。

最初入行的张茵以"品质第一"为本，坚决不往纸浆里掺水，然而，却因这一点触犯了同行的利益而吃尽了苦头，她曾接到黑社会的恐吓电话，也曾被合伙人欺骗。但从未退缩的张茵凭借豪爽与公道逐渐赢得了同行的信任，废纸商贩都愿意把废纸卖给她，尽管她的粤语说得不好，但是诚信之下，沟通不是问题。

6年时间很快过去，赶上香港经济蓬勃时期的张茵不但站稳了脚跟，而且在完成资本积累的同时，把目光投向了美国市场。因为有了在香港积累的丰富创业实践经验和一定的资本，加之美国银行的支持，1990年起，张茵的中南控股（造纸原料公司）成为美国最大的造纸原料出口商，美国中南有限公司先后在美建起了7家打包厂和运输企业，其业务遍及美国、欧亚各地，在美国各行各业的出口货柜中数量排名第一。

成为美国废纸回收大王后，独具慧眼的张茵有了新的想法：做中国的废纸回收大王！1995年，玖龙纸业在广东东莞投建。12年后，玖龙纸业产能已近700万吨，成为一家市值300多亿港元的国际化上市公司。

所谓"精诚所至，金石为开"，做事业很大程度上就是要专注下去。管理大师博恩·崔西说：任何一个人只要专注在一个领域5年，就可以成为专家，10年就可以成为权威，15年就可以成为世界顶尖。有时候，创业者令人钦佩的专注精神，往往能够创造让人们为之惊叹的奇迹。

生死
时速全力以赴

关键的时候全部压上去，如果做
不到这一点就会输。一开始差一点，
结果就是天渊之别。

提问：微信在中国这么成功，成功的最主要原因是什么？三个原因或者两个原因？

马化腾：要尽早作决定，当有一个新的商机出现的时候，你可能也很难判断这个到底重不重要，是试探着做还是交给谁做，当时微信出来的时候，很多团队都想做，但是动作和投入度都不一样，当时我们说有3个团队，最后是两个团队都做了，而且产品都是一样，都叫微信。

第二，有问题我们要作决定，内部组织架构要快点干。所以，我们在去年5月18日和今年年初都作了两次变革，去年变得最厉害，包括今年也要调整，随着时代发展、移动互联网变化，逼着组织架构要变，才能适应后面的发展，这是最重要的。最后一点，产品攻坚期一定要全力上，我们产品决策期成型的时候，最关键那一个月，基本上是两个礼拜，我们所有公司高层都卷在里面，天天谈到3点、5点，你一用发现有什么问题，立刻改，都是按照小时计算。最关键的时候生死时速确实是这样，这种打法很重要，也是互联网常见的，关键的时候全部压上去，如果做不到这一点就会输。一开始差一点，结果就是天渊之别。

——2013年马化腾在中国（深圳）IT领袖峰会上的讲话

延伸阅读

腾讯进军门户的举动，开董事会时除马化腾之外其他人都反对，理由是太多人失败了，有风险，而且腾讯本身也缺乏人才储备和相关传统。马化腾说服各位董事和总经理办公室成员的理由很简单：腾讯的核心价值是用户，腾讯必须做一个用户黏性超强的平台，把这些用户尽可能粘住，产生相互关联，因此必须上门户。

曾李青在听完马化腾的这段阐述后用了"很震惊"这样的词汇，这位最早的腾讯创业者兼首席运营官在那一瞬间读到了马化腾身上的霸气和野心。于是，曾李青投了赞成票，最后全票同意上门户。

而上马拍拍（腾讯的在线拍卖网站）的故事也几乎如出一辙。最开始腾讯有一个企业级即时通信的部门，不过做了一段时间后发现，这个部门很尴尬，比如，他们到一些地产公司和银行去谈合作事宜，发现这些公司的用户都在用QQ，他们内部沟通本身就是在用QQ沟通，不需要什么企业级的即时通信来推动。

因此，马化腾和负责运营的曾李青决定停掉这个部门，去做新的项目。当时战略发展规划部门提交了两个方案，方案之一是人才招聘，方案之二是在线拍卖市场。当时战略发展规划部门给的报告是这样建议的：如果进军人才招聘市场，投入不大，回报很稳定，但市场空间可见；如果进军在线拍卖市场，必须有大的投入，做长期消耗战的准备，只有这样才能赢得市场。

时任腾讯战略发展规划部总经理的王远回忆说，当时其实是建议上人才招聘的。不过，两位老板给出的一致意见是上在线拍卖市场，也就是后来的拍拍。马化腾和曾李青给出的共同理由是：虽然在线拍卖市场意味着腾讯每年要投入数以亿元计的资金，但能增加QQ用户的黏度，能更好地产生用户之间的相互关联，所以做拍拍。

这两个故事告诉我们，只要马化腾看准了商机就会立即去做。他不满足于庞大的QQ用户群带来的无线收入，不沉醉于虚拟交易服务带来的创新性收入，不沉迷于休闲游戏市场的绝对老大和在大中型游戏市场中攻城略地。

Business Develop

中国古代就有了对"商机"的解释，《辞海》注释"机会"时用"行事的际遇机会"，即机遇。换言之，抓住机遇，就是抓住自己在生活中遇到的机会。许多谚语、成语、警语、哲语都与机遇有关，最常见的比如"机不可失，时不再来"、"过了这个村，就没有那个店"，"运至时来，铁树开花"，"此一时，彼一时"等。

商机就是市场机遇，指商务活动中一种极好的机会，这种机会是有利于企业发展的机会或偶然事件，是企业发展的大好时机和有利条件。它在空间表现上是一种特殊点，有一些特别的表现；在时间上是一种特别时刻；在发展趋势上表现为商务的一个转折点。

引申到商战上，特别是市场争夺中，则更多地表现为竞争对手出现的时间差、空间差，和可供我利用或竞争对手与我双方都可以利用的偶然出现的有利因素，从而又派生出商战中常用的"时机"、"令机"、"地机"、"事机"、"力机"以及由各种有利因素综合而成的机遇。

要想识别和把握商机，首先必须了解其特殊性，即了解商机的特征。通过对现实生活中大量商机案例的考察和理论分析，我们发现商机的特征主要表现在以下几个方面：

一是商机的公开性。任何商机都是客观存在的，这决定了它是公开的，每个企业、每个人都有可能发现它。

二是商机的效用性。商机不是一般的有利条件，而是十分有利的条件。它像一根有力的杠杆，抓住了它，就可以比较容易地担起事业的负荷；失去了它，你也许就会在事业面前束手无策。

三是商机的时效性。俗话说"机不可失，时不再来"，说明机会与时间是紧密相连的。机遇如电光转瞬即逝，抓住了也就抓住了，错过了则只有追悔莫及，枉自痛惜。

四是商机的未知性和不确定性。商机的结果在一定程度上具有不可知性和不确定性，要受到事物发展的影响。这种影响来自两个方面：一是形成商机的条件的变化；二是利用商机的努力的程度。

五是商机的难得性。商机是很难碰到的，特别是一些大的商机，更是千载难逢。

六是商机的客观性。商机是客观现实的存在，而不是人的主观臆想。

七是商机的偶然性。商机具有一定的偶然性，常会突然出现，使人缺乏思想准备。当然，这种偶然性是必然性的表现，只不过一般人难以预测和把握罢了。

商机的上述内在特征要求创富者们在全面把握这些特征的同时，尽力与实际经营结合起来，做到"运用之妙，惟存乎一心"，从而发现并果断地抓住商机，在市场竞争中争得一席之地。

务实、低调地磨出
一个个好产品、打好一场场硬仗

不用怕别人多厉害，做好自己，
和自己比就行了。

我们在创业之前和之后都会阅读很多的文章，特别是来自美国硅谷的文章，我们也看到很多翻译者翻译了很多美国硅谷当时创业的书，都非常励志，而且我们也非常向往。但中国的环境，确实觉得这个还很遥远。

我们想第一步还是要生存，你出去怎么办，下一个月的工资和房租怎么解决，你一年内的收入来自哪里。那时候没有风险投资，也没有说靠一个概念大家会抢着投钱，根本没有这个环境，而且是比较务实和比较低调地做事情。长期以来，我们都是坚持这个风格。

不能指望说要做10亿或多少亿，如果我们当初这样想早就死了。这会左右你每一步动作，接下来你会发现很多细小的事情都不做了，看到服务器有问题也不紧张，老想着10亿、100亿怎么搞，那就完了。事情都是一点点细致地做出来的。

一定把目标放到最低，过完这关再说。大多数人都跟你一样面临各种小坎，只要埋头过完自己的坎，剩下的自然会有人分心落后，到时候你就跑到别人前面去了。不用怕别人多厉害，做好自己，和自己比就行了。

另外，首先看你做的事对不对、有没有用户价值，只要事情做对了成本就不会太高。其次，多考虑产品能不能琢磨得好用一点，慢慢用户自然会体会到你的心意。只要有价值、不放弃就肯定有回报。

我们的好产品全都是这样琢磨出来的。腾讯的成功最初是运气，后面就是由整个团队一场场硬仗打出来的。

——马化腾在 Techcrunch 北京大会上接受专访

延伸阅读

腾讯从未想过会成就一个现在这样规模的帝国，用马化腾的话来说："从没想过一定要开公司当老板，我们几个同学只是想有个机会去发挥所长，最好有点儿小回报，仅此而已。""只是感觉可以在寻呼与网络两大资源中找到空间，所有的判断是来自自己 5 年来的网龄和职业经验。"

1998 年 11 月，马化腾和几个同学成立了自己的软件公司，当时公司很小，主营业务是为其他公司做软件外包。当时跟他很熟的丁磊在做邮箱系统，之后也卖了很多版本，马化腾说："我也做过邮件，也给寻呼台做过互动系统，比如短信查邮件什么的，即时通讯是其中一个项目。"

由于一直保持务实、低调的做事风格，与其他的互联网大佬相比，马化腾是一个另类。他基本不主动做杂志的封面人物，更不用说上娱乐节目或者做主持了。有关他的个人采访基本没有，关于他的故事更多的是据说和传言。

成名之后，马化腾依旧很少接受媒体采访，即便是接受采访，更多的也是公司行为，诸如最开始的 QQ 与美国 ICQ 的关系，之后的域名风波和换标，再后来是 QQ 换标……上市之后因为公司股价的需要，马化腾的曝光率高了一些，但更多的是例行公事而已。

2004 年，盛大 CEO 陈天桥风头正劲，大规模收购了国内外数十家公司。相比自己老板的默默无闻，腾讯很多员工私下里有些怨言："你看人家陈天桥，出手多快，我们的 Pony（马化腾的英文名）却一直闷着头，一点魄力都没有。"

不过，这些小情绪在 2007 年初迅速消失。当时，中国几大互联网内容服务巨头公布了 2006 年财报，但表现都不尽如人意；唯独腾讯公布的全年业绩引人侧目：财报中全年利润 10.6 亿元人民币，劲升 1.19 倍。

"看人不能看一时，而是看结果。Pony 虽然低调，但正是其背后的稳健、不冒进才能得到这样的数字。"加入腾讯游戏部 5 年的员工高峰说。

马化腾对自己的评价是："我们开发人员、软件人员都这样，比较内向，比较喜欢做产品。对懂的东西，我可能说得多点，其他的事，我就不太知道怎么说。"除了性格因素，马化腾自称保持低调最主要的理由是"没有这个需要"。他认为，多数网络公司要靠宣传让中国移动这样的企业用户重视自己，但腾讯直接面对的是最终消费者，因此，品牌必须建立在产品和服务上。

当然，现在的马化腾在公司一步步壮大后，有些时候不得不出席各种会议和论坛。作为中国最大的互联网企业，他需要经常出现在镁光灯下。但是，他依旧不张扬，不高调。

Business Develop

什么叫务实？知人知己，知世知时，不求名利，不怕苦难，守信不欺人，守诚不欺心，自己解决自己的问题，这便是务实。

延伸到企业中，"不好高骛远，不见异思迁"的务实企业，能够认真做好自己的事情，专注于自己的工作和产品，脚踏实地地创造业绩。

由于真假之间势不两立、水火不容，求真本身也是"证伪"的过程。"务"是操作，是实干，是让美好愿望得以实现的一砖一石。正如人用两脚走路，迈出的每一步都不能落空，空了就会重心倾斜。

每个人的务实精神都差一点，累积起来就形成了企业效益之间的巨大差距；每个企业再差一点点，累积起来就形成了国家生产力之间的巨大差距。现在国内企业和国外知名企业之间的巨大差距，不正是由于我们每个人一点点的差距所造成的吗？

金融危机中，世界 500 强中的很多企业表现得不堪一击，但为什么高盛集团依然能够稳步前行？高盛集团董事长兼首席执行官劳尔德·贝兰克梵的观点是："要发展业务，我们必须放眼未来；而经营业务，我们则需着眼于现在。"换言之，就是在于求真务实。

可以说，如果一家企业缺乏务实的作风，员工缺乏务实的态度，与其他企业竞争时，这家企业就会时时处处感到功力不足：正因为不够务实，正因为不能静下心来踏踏实实做事业，才会出现工作效率低下，才会出现管理绩效上的巨大差距，才会使企业成为不堪一击的短命王朝。当然，我们不能把企业失败全都归因于缺乏务实，但缺乏务实至少是造成这一结果的主要原因之一。

与国内企业和员工形成对比的则是国外的一些优秀企业和员工。比如，在德国企业中，无论是高层的管理者，还是最基层的员工，他们都致力于自己的本职工作，兢兢业业、踏踏实实地做事。他们不仅要完成工作，而且在完成工作之后还要自行检查，每一个细节都要仔细核对，绝不放松。正是凭借这样的务实作风，德国企业才创造出众多世界一流的产品，将日耳曼民族特有的严谨务实的工作态度和思维习惯推向世界。

从这个角度来讲，中国企业要想提高自己的竞争力，要想逐渐缩小与世界知名企业之间的差距，尽快实现自己走向世界的梦想，就必须教育员工克服浮躁的心态，养成务实的工作态度和做事习惯，并在这个过程中努力实现企业和员工的共同成长。

另一方面，对个人来讲，务实是成就一切事业的基石。无论从事什么行业、什么职业，必须拿出踏踏实实、兢兢业业的态度，努力做好自己的本职工作，并据此不断地锻炼、提高自己的能力，积累宝贵的经验，才能使自己成为企业所需要的人才，使自身不断得到发展并最终收获成功。

第三章
在巨人的肩膀上成就自己

要站在巨人的肩膀上，夯实基础，发挥精制的优势，以产品为重心。打造出惊艳众人的杰作，建造腾讯多彩的帝国。

多彩世界　**学习＋创新＋专注＝新业务**

迅速学习、
迅速改进，是制胜最重要的因素

现在不熟悉的东西，如果一旦认
为战略上需要，你就要努力去学习，
不要怕难，也不要认为不可能。

如果大家没有一个学习的心态，只想着就搭一个互联网平台，是不可能赢的，因为你的对手会走得很深、走得很上游，不把中间可以减少成本损耗的地方、提高效率的地方和对手做出差异化的地方都找出来的话，你是打不赢的，所以，你必须迎头追上，深入这个行业。

很多人觉得过去十几年腾讯有很多事情做得不错，但也有很多做得不好，我们确实也承认。但我觉得我们要坚持一个最可贵的文化或者传统就是，我们要保持学习的心态。现在不熟悉的东西，如果一旦认为战略上需要，你就要努力去学习，不要怕难，也不要认为不可能。

发展到现在，腾讯要进入"互联网下半场"、下一阶段的比赛，我们要牢记这点，我也希望腾讯文化永远不断求变，你试了、错了立刻改，要不顾一切地找出问题背后的原因，迅速学习、迅速改，这个精神一定要坚持，而且也是你们胜利的最重要的一个因素。

——马化腾在腾讯 2012 年度员工大会上
的演讲《迎接互联网的"下半场"》

延伸阅读

腾讯于 2007 年 5 月正式启动 E-Learning 项目，并根据自身特色，对

E-Learning 的名称进行了个性化改变,改称 Q-Learning,可以理解为"求学"。

腾讯希望通过这个平台,实现在现有培训投入基础上的"放大、穿透、继承、节省"效应,为员工提供 3A 式学习支持,营造学习型组织。

鉴于以上设计思路,腾讯将 Q-Learning 的功能定位分阶段地推进,并逐步提高。主要包含如下 6 个方面:

在线学习——将课程推送到学员的桌面上,实现 3A 式学习。

培训档案——为员工建立培训档案。

课程体系——将课程体系更好地展现给员工,便于员工自己安排学习计划。

PDI 选课——方便员工了解公司开课计划,并根据自身情况选择合适的课程。

培训流程——将培训运营流程迁移到线上,解放培训管理员的人力,提升专业度。

资料中心——通过 LMS,建设腾讯资料库,有效放大培训效果。

员工可以借助 Q-Learning 平台规划"个人学习地图",并参照"公司学习地图",确定自身的发展方向和目标。

"个人学习地图"是指将个人的通道、职级、素质模型、课程做好匹配关系,员工只要进入系统就能清楚地知道自己该学习什么课程。

"公司学习地图"是"个人学习地图"的升级版,员工如果想了解整个公司的通道、职级、素质模型和课程的匹配关系,可以通过"公司学习地图"进行查询,这样,员工如果想往某一个方向发展的话,就会清楚地知道该通道、职级所需要的能力,知道哪些培训可以帮助其实现目标。

对于加强知识分享,腾讯 Q-Learning 还进行了许多卓有成效的探索。实施的"腾讯大讲堂"网络课程受到员工的普遍欢迎,"大讲堂"主要是由腾讯内部专业人员介绍和讲解某些产品和技术,这些内容将以课件的形式上传到 Q-Learning 平台,加速知识的快速分享和传播。

另外,腾讯还会在 Q-Learning 上搭建知识结构性管理平台、业务系统频道等内容,鼓励和激发员工自主开发课件、分享成功经验等,在整个公司中营造学习型组织氛围。

Business Develop

从保安到 IT 精英，中国企业中不乏振奋人心的励志故事。微博上有消息称，腾讯北京分公司 20 楼前台一名保安经过层层面试被腾讯研究院录取，腾讯公司证实了该消息，公司董事会主席兼首席执行官马化腾也通过微博称其故事很励志。

这位保安名叫段小磊（英文名 Dream），现已成为腾讯研究院的外聘员工，负责数据整理等基础工作。这个故事通过微博迅速传播开来，很快被腾讯 CEO 马化腾看到并转发，两个小时内被转发 20000 多条，段小磊也被誉为"2012 最励志保安"。

据腾讯透露，段小磊只有 24 岁，毕业于洛阳师范学院，拥有计算机和工商管理的双学位。他带着 IT 职业经理人的梦想来到北京，几经碰壁后，他决定从事上手很快的保安工作。

"保安是服务性质的工作，别人上班第一个看到的就是你，我觉得可以做得让大家更满意。做好手头的工作很重要，这样才能让人信任你。"段小磊说。工夫不负有心人，腾讯员工渐渐将段小磊当成了朋友，有时发现他在看计算机方面的书，还会耐心为其解答一些专业问题。

2012 年 2 月，就在这一层楼工作的腾讯研究院负责人 Hidi（化名）急需一批外聘员工，她早就知道段小磊在看计算机的书，就半开玩笑地问他："你要不要来帮我们做数据标注的外包工作？"这是一份基础性的工作，主要要求熟练操作电脑，并对数据敏感。令 Hidi 意外的是，几天后的一个下午，段小磊找到她说已经正式辞职，可以来帮她做数据标注工作了。经过面试，段小磊顺利成为腾讯的外聘员工，负责一些数据整理和数据运营工作。

"我告诉他，你先做一些基础工作，在腾讯的学习氛围下好好积累，将来也许可以做一个好的产品经理。"Hidi 知道，段小磊的梦想是成为乔布斯那样的终极产品经理。腾讯人力资源部相关人士则表示："腾讯向来本着公平、公正的用人原则，给予优秀人才最大的发展空间。而且英雄莫问出处，腾讯的人才来源非常多元化。"

"腾讯给了我真正接触互联网，加入一个团队不断学习和成长的机会。这里不会因为我曾经是保安而排斥我，反而认可我的努力和工作，真正把我当作他们中的一员。"段小磊清楚地记得第一次以 IT 人的身份与大家见面时，就有一位从事语音研究的同事说想学这方面的内容尽管跟他说，而另一些同事每天午休去健身时都会问段小磊去不去。

现在，段小磊已是团队里的风云人物，但他仍然对自己的工作保持着清醒的认识，他的工位上贴着各种写有工作任务和励志内容的便笺条："多和同事交流，多向前辈请教"，"每天浏览行业信息不少于 30 分钟，每个月发一篇有深度的博文"，等等。

世上无难事，只怕有心人。有时候，决定成败的不过是心态：不要停留在"想要"，而是要积极"去做"。如果段小磊只是满足于做一个平凡的保安，每天按部就班地上下班，那么他的生活将简单平淡。正因为他没有放弃自己最初的梦想，每天都坚持学习，他才能够实现由保安到 IT 精英的转变。

创新可以
进行颠覆型模仿

我认为，模仿并不丢人，但模仿
有两个基本的要诀：第一是选择模仿
的对象；第二是把握模仿的时机。

很多创业者往往一上来就陷入创新的误区，结果死于创新。我认为，模仿并不丢人，但模仿有两个基本的要诀——

第一是选择模仿的对象。一定要选择已经被证明成功的有前景的"好东西"，同时要牢记模仿只是手段和工具，模仿的目的是创新和颠覆。但我最反对盲目创新，一定要谋定而后发。被模仿者和模仿者是先发和后发的关系，先发总有预想不到的问题，后发可以研究哪些最适合我们发挥。在学习模仿先行者的基础上，我们要有所取舍地创新。

第二是把握模仿的时机。在进入一个领域的时机把握上，我们一般选择有第二者出现后，即一家开创者加一家跟进者，这表示这个市场即将启动。此时，我们一定要派几个人追踪一下，一旦我们能看清楚，立即让大部队跟进去，超第二，拼第一。尽管这种理念有时会使腾讯贻误更好的战机，但保证了腾讯在战略方向上不会出现大偏差，这对于度过创业期进入发展期的腾讯至关重要，尤其是在变幻莫测的互联网行业。

——摘自《马化腾：第三者的颠覆型模仿》

延伸阅读

新浪网的创始人王志东曾经批评说："马化腾是业内有名的抄袭大王，而且他是明目张胆地、公开地抄。"

王志东的话点明了腾讯公司众多产品有模仿的特性。无论是即时通讯工具、门户网站，还是网络游戏，甚至 C2C 电子商务网站拍拍网，马化腾无一例外都是在"抄袭"既有模式。QQ 是抄袭了 ICQ，门户网站是抄袭了搜狐、新浪，网络游戏是抄袭了网易和盛大，拍拍网是抄袭了淘宝和易趣。

但问题显然又不是这么简单的，因为，腾讯无论"抄"什么，最后都能青出于蓝，把对手甩在后面。腾讯显然不是光靠抄袭而纵横互联网的。其实，搜狐、新浪等门户网站是抄袭了美国的雅虎，李彦宏的百度是抄袭了美国的 Google，李国庆的当当网是全盘抄袭了美国的亚马逊公司……这样的案例还有很多，究竟应该如何看待这些"抄袭"呢？

中国互联网协会专家郭涛表示，互联网的很多核心技术其实都不在中国，包括支付宝、腾讯、视频技术等，都是从国外引进的。实际上，有很多被模仿者也是最初的模仿者，大家都模仿了国外的同一商业模式，那么，谁的技术更先进，谁的文化移植更易被接受，谁就能取得成功。

腾讯研究院的副院长郑全战说："技术上的成功并不等于商业上的成功。我们不应该重复发明，而是要在其基础上开发性能更好或者价格更低的东西，或者将现有的发明与其他的技术结合起来，创造更加实用的东西……在我们身边有很多东西，甚至一些我们平时司空见惯的东西，它们在功能或易用性上有非常大的提升空间，譬如，Apple TV，它竟然可以做得如此小巧精致。"

在某种程度上，这是腾讯对创新的理解。任何创新都是站在前人的肩膀上作出的，创新从来不是无中生有。就像搜索加广告的模式并非谷歌发明的一样，IBM 公司——曾被现代管理之父彼得·德鲁克称为"全球首屈一指的创新模仿家"，它尾随雷明顿·蓝德公司推出了商业大型计算机。不可否认，有了后知之明之后，后来者更能避开早期产品的各种缺陷，从而获得更大的利润。事实上，历史上更多时候是创业型公司担当了开拓创新者的角色，因为，他们更需要制造一个新的蓝海市场。

郑全战说，研究院经常鼓励员工换一个角度思考问题。"很多时候，我们只是将问题考虑到一个层面，就停止了，认为这个问题就 OK 了，但实际上如果我们再往前走一步，就会有更大的空间。例如，旋风最开始只是研究院的一个客户端软件，日用户量只有几百万。后来转型做下载组件服务，跟公司其他业务合作，现在单日最高服务用户超过了 1 亿。"

马化腾深谙网民需求，OICQ 在设计之初就确定要和通讯连接，借鉴了 ICQ 的经验，考虑用户的使用习惯与需求。以实用、够用、反应快为主要出发点，马化腾和合作伙伴考虑了多种相关协议，使得产品的使用性和发展性兼备。马化腾把自己定位成一名挑剔的用户，针对相关产品的"缺陷"下功夫，如 ICQ 只能按照用户提供的信息寻找好友，而 OICQ 就可以通过网上查询直接寻找好友。

马化腾深知，模仿是需要创新的。他不盲目跟风，也不无端创新。他选择的是学习最佳案例，然后超越他们。马化腾的创新理念很早就渗透到 QQ 的诸多产品中，比如，离线消息、QQ 群、QQ 表情、移动 QQ、QQ 秀等。产品的创新与技术革新让马化腾获得了庞大的用户群，对稳固整个腾讯体系起到了关键性的作用。

整个互联网的发展模式几乎都是在模仿中创新，腾讯不是唯一。有业内人士表示，大公司以垄断的形式模仿，的确会扼杀中小型互联网企业的创新。但新兴互联网企业的开创，往往也是从模仿大公司开始的。

腾讯在多个应用领域取得成功，并非仅靠模仿。它为什么能让对手感觉到威胁呢？一方面是因为腾讯模仿了其应用；另一方面腾讯具有稳定的用户，并将程序按照用户体验进行创新，这才是其竞争对手感觉恐慌的根本原因。

腾讯的创新分为 3 个阶段。1998～2004 年，是学习型创新阶段。比如 QQ 秀，就是学习了韩国 Avatar 的产品理念。2004～2006 年，是整合创新阶段，比如 QQ 游戏，它把联众的休闲游戏模式植入即时通信产品中。2006 年以后，是战略创新阶段，这个阶段对创新人才的要求非常高，腾讯已经吸引了一批优秀的互联网人才。

腾讯鼓励人人提创意、搞创新，公司很多新产品都源于普通研发人员的灵感。事实上，腾讯公司不仅鼓励员工不断在方式、方法、内容上寻求更好的技术方案，还使用完备的保障机制和激励机制不断激发个人创意，以全面的技术创新、管理创新、经营模式创新，推动公司的不断成长。

Business Develop

创新有多种形式，它不仅仅指开辟一条前人从未走过的道路，也告诉我们，可以站在前人的肩膀上，尝试着走一条别人已经走过的路，并且去走得更好。

牛顿曾说："我之所以能取得如此辉煌的成就，只是因为站在巨人的肩膀上。"这里固然有牛顿自谦的成分，却也道出了一种创新的途径。我们完全可以向"牛顿式"的创新者学习，为自己设置一个更高的目标，站在这些巨人的肩膀上超越巨人。

当当网网上书店联合总裁俞渝毫不讳言对亚马逊这个世界最大、最知名网上书店的模仿和学习。她说："对亚马逊的财务报表，我比一些华尔街的分析师们还要熟悉。我会用当当的指标和它一一作对比，最新的结果是，9 项指标中我们只有库存周转率不如它。"她将当当网比作是"学龄前儿童"，而"亚马逊"是已经进入"青春期"了。

俞渝指出："中国古话说得好，三人行必有我师，择其善者而从之。当当不耻于当学生，因为有的学比没的学要好。"相较之下，当当更在意的是"成功"而不是"复制"。俞渝在实施模仿战略时的心得是"要以开阔的心态和眼界去学习，并且在学习中重新建立适合企业本地化生存的新规则"，"用笨方法，从骨子里学"。这是俞渝认为当当之所以能够将网上购物这样的新事物，在中国成功推动起来的"模仿要义"。

三星电子也是通过对电子巨头索尼进行创造性模仿而一步步成长壮大起来的。2004 年 4 月中旬，三星电子公布了其 2004 财年第一季度营业额及总收入，第一季度销售额为 125 亿美元，营业利润超过 34.8 亿美元。

三星电子第一季度的营业利润，就远远超过索尼 2004 全年 8.13 亿美元的盈利预测。但据此认定三星电子超越了索尼，仍为时尚早。从营业额看，2003 年，三星电子的总收入为 362.8 亿美元，索尼的总收入为 720.81 亿美元，这与三星电子的"超越"战略——2005 年以前使全球销售收入增长两倍，从而一举超过索尼——还有差距。

不过，这并不影响三星电子作为一个"模仿"神话而成为诸多中国企业推崇的对象。对三星和索尼进行类比，按中国的思维方式，是有点"青出于蓝而更胜于蓝"的期待在内。几年前，三星是索尼的模仿者，而现在，许多中国企业则成了三星电子的模仿者。

需要注意的是，模仿创新并不是盲目进行的，而是朝着既定目标进行的创造性模仿。正如国画大师齐白石先生所说："学我者生，似我者死。"如果只是一味的模仿，只能是重复别人的步伐，很难有所突破。模仿创新在最初阶段都要经过一个学习过程，向前人学习其优秀之处，吸取其精髓，在后期就要加入自己的思想和创意，通过独特的创新，从而创造更大的成功。

在创新上
要有舍才有得

一些高难度工作，如果研发团队
没有实力去做，就会找研究院去开发
最核心的部分。

《21世纪》：在国内的互联网公司，腾讯是唯一一家成立了独立研究院的。腾讯研究院成立的背景和它的使命是什么？

马化腾：我们研究院有很大一部分是从事基础性研究的。比如说，视频、语音的编解码和传输，要用在我们的视频、游戏里面，这些很难由一个产品部门独立研发出来。我们过去很多（基础技术研发）都是业务部门自己做，做完之后发现不好，浪费精力，难以长期维持。因此，必须有一个基础的研发部门去承担这个基础工作。

另外，是一些应用的研发，不是专门研究一些用不着的，老是埋在底层的（技术）。大家看到我们比较多的一些长远的、PC上的软件，语音、下载、输入法、浏览器等，这些产品都是在我们研究院和创新部门开发的。

一些高难度工作，如果研发团队没有实力去做，就会找研究院去开发最核心的部分，包括播放器、搜索、电子商务技术等方面，研究院都会先孵化出一些东西来。

——马化腾接受《21世纪》采访

延伸阅读

腾讯是一家注重研发的企业。腾讯研究院不仅是第一家由中国互联网企业自主建立的研究机构，其成立也被认为是腾讯技术创新战略的又一次重大选择。

没有研究院时，虽然每个腾讯团队多少都有些研究性质，但一旦实际任务紧张起来，团队重心就会放到当前产品上，研究随之中断。此外，业务的飞速发展也使腾讯后台程序上的很多东西缺乏统一规范，连统一的数据挖掘接口都没有。这些无疑都是长远发展的阻碍。

在此背景下成立的腾讯研究院合并了原来的创新中心，职责在于储备长期竞争力。它没有盈利压力，能做很多代表未来趋势但短期未必有产出的项目。在产品开发方面，只做平台产品和技术要求较高，且需要不断深化技术的产品。这里也是向腾讯各业务部门输送人才的基地。

直到现在，郑全战仍坚持面试招入研究院的每一个人，并作详细记录。所有进入研究院的新人需要学习的第一课就是继承腾讯最重要的文化——对用户体验的贴身观察。

目前，腾讯研究院设有基础研究室、无线中心和桌面产品中心三个平行的业务单元。其中，基础研究室偏重于技术研究，主要涉及智能计算、中文处理、多媒体、网络、数据分析等五个方面。

研究院中数据分析研究室的任务是汇集各个部门的用户数据，统一运营和分析，其成立后的首个项目是将 QQ 用户分群。通过数据挖掘，用户被分为铁杆用户、年轻且正在成长的用户、潮人用户等群体，然后，针对不同群体进行不同服务的推送。年轻用户可能不太了解腾讯业务，系统会有选择地推荐一些能让其熟悉腾讯产品体系的产品和功能；对于潮人用户，腾讯会把一些新奇功能率先推送给他们使用，以获得反馈。

研究院中的无线中心和桌面产品中心则偏重产品开发，代表腾讯的中长期产品布局，腾讯的手机浏览器和手机输入法等都诞生于这里。早在 3 年前，腾讯就认为，如同电脑桌面上 QQ 企鹅形象的快捷方式有一个爆发性增长，客户端产品对中国用户来说更有价值。而且，现在针对个人电脑进行的客户端产品研究，随着手机的发展，今后也很容易扩展到无线上。

腾讯是中国互联网企业中研发投入较高的企业，2009 年研发投入 11.9

亿元，接近百度研发投入的 3 倍，超过网易研发投入近 5 倍。2005～2010 年，腾讯的年平均研发密度（研发投入／销售额）达到 10.3%，这在中国企业中是不多见的。持续的研发投入换来腾讯主营业务的不断升级、可适应终端不断丰富、在线产品不断推陈出新。

郑全战相信，今后 3G 将迅猛发展，整个行业的应用将随之发生极大的变化。这个判断是腾讯研究院无线领域各项业务的出发点。以手机浏览器为例，其着眼的是未来市场，现在搭建的平台是为两年后可能出现的内容做准备。

腾讯的手机浏览器发布于 2009 年，但在此之前，腾讯研究院已研究了两年的手机浏览器关键技术。2008 年，UCWEB 的迅速崛起（详情请阅 Gemag. com. cn《UCWEB 的远大前程》一文）和 3G 的临近，让研究院决定迅速进军这个市场。这个时候，之前的技术储备发挥了重要作用，腾讯的手机浏览器 beta 版在此决定作出的半年后就得以发布。据介绍，其市场份额在半年后即已超过 Opera，跃居中国手机浏览器市场第二位。

未来，腾讯将把个人电脑和无线上网的产品打通。比如，电脑上使用的腾讯输入法词库将来可以同步到手机上。

郑全战对未来无线发展的期许并不仅限于此。在使用智能手机时，"数码达人"觉得很糟糕的是要下载很多软件，然后一个个设置好，以后还要不断更新，非常麻烦。"我希望对于那些我觉得好的服务能不用下载，一下子就在云服务中推送过来了，这会很方便。"郑说。

这引发了腾讯在无线领域的另一个布局。郑全战理想中的未来是，当带宽在几年后变得比较便宜时，腾讯会自动为用户推送他所喜欢的服务，这些服务都基于云模式。但挑战在于，据说现在 QQ 同时在线人数接近 1 亿，手机 QQ 在线人数也达 2000 多万，这些数字还在飞速发展。未来如果真要采用网络推送的方式，腾讯需要庞大的云计算能力。目前，研究院已经联合公司其他部门一起在研究和搭建这样的技术平台，准备等待时机成熟就迅速推向市场。

此外，腾讯将一次性投入 1500 万元用于与清华大学共同建立"清华大学（计算机系）—腾讯互联网创新技术联合实验室"，对此，腾讯首席执行官马化腾表示，"未来联合实验室将承担更多的国家创新课题，构建互联网的未来，让互联网的内容更加丰富，操作更加便捷，信息更加安全，使互联网信息逐渐走向大众。"

目前，从事研发和产品相关工作的员工已经占腾讯员工总数的 75% 以上。腾讯管理层明确表示，只要是对用户有益的探索，不管处于何种成熟度，都会鼓励和支持。

Business Develop

企业在创新上的投入，对其自身的兴起往往起着十分关键的作用。例如，通用公司对贝尔实验室的研发投入，福特公司对于汽车制造的研发投入，美孚、壳牌公司对于石油勘探开发的研发投入，IBM、英特尔、微软公司对于互联网产品的研发投入等，都是企业大力投入技术创新，从而引领企业走向兴盛的典型案例。这些大企业的技术创新活动，都离不开研发资金和研发人员的投入，华为公司正是一家这样的公司。

华为虽然以向全世界出售网络设备而闻名，但华为更重视的是研发，而不是硬件制造。华为总裁任正非始终坚持创新和研发，他认为，没有创新可能是最危险的。因此，在技术上的不断研发和创新，一直是任正非重要的管理策略。

华为一向重视研发投入，近年来也一直在扩大研发支出。一直以来，科技领先使华为成为世界少数几家能够提供 CAC08-STP 数字程控交换机设备的巨头之一，而且，在移动智能网、STP、移动关口局、GPRS 等核心网络方面形成领先的优势。

在技术研发方面，华为创业之初就以国际先进水平为目标，力求领先于世界。他们立足于当代计算机与集成电路的高新技术，大胆创新，取得了一系列突破。每年投入销售额 10% 的资金用于科研开发，装备大量精良的开发设备和测试仪器，并与国内外一些著名大学、研究开发机构和重点实验室建立了长期广泛的合作与交流。

2012 年，华为将 47 亿美元，约占公司总收入 13% 的资金，专门用于产品研发。在欧洲，一些电信运营商认为，欧洲设备供应商未来几年都很难跟上华为的研发投资，因而选择华为作为其先进设备来源公司。

正如任正非所说，"创新是华为发展的不竭动力"，而执著进行研发投入的结果就是，2009 年 1 月 27 日，世界知识产权组织（WIPO）在其网站上公布 2008 年全球专利申请情况时表示："第一次，一家中国公司名列 2008 年 PCT（全球《专利合作条约》）申请量榜首。"

2013 年上半年，华为的增长速度超过了瑞典的爱立信和法国的阿尔卡特美国的朗讯等强劲西方竞争对手，这一成就与华为的研发投入是分不开的。

实际上，如果不是任正非在企业起步阶段就以破釜沉舟的勇气借高利贷进行研发，恐怕华为难以有今天的成就。

企业要创新，要提高竞争力，加大研发投入也是至关重要的策略。正如华为的选择一样，只有在竞争上舍得投入，企业才能使产品不断转型升级，走向高端，并创造出符合市场需求的新产品。

领先于
他人的核心能力

核心能力要做到极致。要多想如何通过技术实现差异化，让人家做不到，或通过一年半载才能追上。

很多产品经理对核心能力的关注不够，不是说完全没有关注，而是没有关注到位。核心能力不仅仅是功能，也包括性能。对于技术出身的产品经理，特别是做后台出来的，如果自己有能力、有信心做到对核心能力的关注，肯定会渴望将速度、后台做到极限。

但是，现在的问题是产品还没做好。比如，前段时间的网页速度优化，优化之后速度提高很多，真不知道之前都做什么去了？让用户忍受了这么久，既浪费时间又浪费我们的资源。不抓，都没人理，很说不过去。所以说，我们要在性能方面投入更多精力。

谈到核心的能力，首先就要有技术突破点。比如做 QQ 影音，我们不能做人家有我也有的东西，否则总是排在第二、第三，虽然也有机会，但缺乏第一次出 来时的惊喜，会失去用户的认同感。这时候，你第一要关注的就是你的产品的硬指标。在设计和开发的时候你就要考虑到外界会将它与竞争对手作比较，如播放能力、占用内存等。就像 QQ 影音，它的核心性能和速度都超越了暴风影音，所以，推出之后发展的势头将会很好。

硬指标选择上其实也有很多选择，如网络播放、交流、分享，这都是很好的思路，但是最后都砍掉了，我们就是要做播放器，因为这是用户的需求。并不是所有人都需要高清，但是高端用户需要（这个在后面述及口碑创造时会再提到）。

只有硬指标满足了，用户说，"我这个破机器，暴风影音不能放，QQ影音能放"。就这一句话，口碑就出来了，用户知道你行，口碑要有差异性。

核心能力要做到极致。要多想如何通过技术实现差异化，让人家做不到，或通过一年半载才能追上。

——马化腾在腾讯研发部"产品设计
与用户体验"内部讲座上的讲话

延伸阅读

马化腾特别强调产品的核心能力。在他看来，任何产品的核心功能，其宗旨就是能解决用户某一方面的需求，如节省时间、提升效率等。而腾讯就是要将这种核心能力做到极致，通过技术实现差异化。

这个想法落在产品设计上，就是希望将产品在某一方面的功能做到极致化，在产品的硬指标上要能给用户带来更多的惊喜，以便与市场上的现有产品产生明显区隔。马化腾认为，腾讯不能做人家有我也有的东西，否则总是排在第二、第三，如果让用户缺乏第一次体验产品时的惊喜，就会失去用户的认同感。

当有人指责腾讯的品牌和产品过于低龄化时，马化腾说了这样一段话："品牌不是自己封的，一定要有实实在在的产品，满足到各个阶层的人，他们认可了，会给你这个品牌赋予很多内涵。但是，如果你的实力和胜算不到70%，那么，就把你的精力放在最核心的地方。当你的产品已经获得良好口碑，处于上升期后，再考虑这些。"

获得用户的认同感，无疑需要良好的口碑，这样，极致的核心能力又显得极为重要。在腾讯，一个产品在没有口碑的时候，不可以滥用平台。在马化腾看来，产品的核心能力做到极致，产品自身就能召唤人，这样，产品就容易在用户体验中，产生良好的口碑。

Business Develop

一般来说，企业能否持续地发展，一个很关键的因素是企业能否关注核心能力，并将其做到极致。东邻的稻盛和夫指出，核心能力是企业在长期经营中形成的独特的、动态的能力资源，支持着企业现在及未来在市场中保持可持续竞争优势。

企业的核心能力要得到市场承认，必须通过企业的产品反映出来。企业是一种或几种核心能力的组合，通过它，企业虽然可以衍生出许多的业务单元，也可以跨越传统的市场界限和产品界限，但是，企业的核心能力最终仍需通过核心产品及其组合，也就是企业的核心业务表现出来。

在企业管理软件市场，SAP 曾是一家呼风唤雨的公司，但是随着市场竞争日益激烈，尤其是同类公司的不断出现，SAP 的市场拓展难度越来越大，对这个软件大鳄来说，显然不是什么好消息。事实上，2009 年，SAP 公司的总营业额比上年下滑了 8%，而传统业务，软件许可证收入则下滑了近 28%。

在如此艰难的情况下，如何让公司走出困境呢？SAP 认为，市场上虽然有很多软件公司，但是这些公司往往四面出击，将战线拉得很长，短时间内可能获益，但是长此以往，很难保证始终赢利。

最终，SAP 找到了一条适合自己的道路，那就是决不放弃软件业务，尤其是商业软件业务。通过坚守核心产品的业务，不断提升产品的核心能力，SAP 公司抓住了自己的特长，并通过努力巩固了自己在商业软件行业的领导地位。经过一年左右的调整，加上客户原有的认可，SAP 公司很快摆脱了业绩下滑的困境。

稻盛和夫曾将企业比喻成一棵大树，而核心能力就是树干。如果企业的核心业务能依托核心能力形成一种对内兼容、对外排他的技术壁垒，就能在纷繁复杂的市场中保持应有的竞争优势。

加快脚步，
跟上移动互联网的浪潮

移动互联网的浪潮如期而至，我们之前做了很多准备还是被打乱了节奏，不得不作很快的调整。

既幸运又不幸，我们生存在一个快速变化的行业。为此，我们在两年前主动求变，2011 年对外提出了开放平台，一年半接近两年时间过去了之后，成果非常好。在 2010 年年，底我们开始启动了现在可以说是明星的产品——微信，用了两年的时间，外界甚至说拿到门票、船票之类，对内部也有很好的正面触动，是一个很可喜的事情。

在 2012 年，整个业界发生了巨大的变化，那就是移动互联网的浪潮如期而至，甚至比预期来得更加猛烈，甚至我们之前做了很多准备还是被打乱了节奏，不得不作很快的调整。所以，我们在今年一个最大的动作是 5.18，我们做了 7 年来最大的组织变革，把过去的 BU 结构重新打散，变成事业群、BG 制，也就是非常 6+1——6 个 BG 加 1 个 ECC，这个变革也还没有完，我们看到很多结构还未能完全适应移动互联网的变化。

但不管如何，我们已经迈出了这一步。中间的变化很艰辛，需要大量的协调，毕竟，我们这些部门的成熟度都不一样，分很多步碎步走，还是一次性变化呢？其实我们作了很多思量。所幸到现在过了半年，我们看到转型还是比较成功的。所以，在这里，我也向所有参与这次变革的每一位同事的努力与奉献表示感谢！

——2012 年马化腾在腾讯年度员工大会上的讲话

延伸阅读

随着业务的做大，2001年后腾讯作了一次组织结构调整，变成R线和M线并举，其他职能部门形成支持体系的结构。具体来说，R线是研发线，M线是市场线。

2004年，腾讯营收超过10个亿，并顺利在中国香港资本市场上市。随着业务的扩张，当时腾讯已经拥有多达30个业务部门，管理变成了一个大问题：决策复杂，层次很多，关系不清晰，各个部门间的合作性不是很强，每个地方都要长远布局，却找不到合适的人才……

当初粗线条的划分已经跟不上腾讯发展的脚步，公司管理层开始商讨把公司过去几百人时的组织结构调整为与近4000人的公司相匹配的组织结构。

马化腾将公司30多个部门归类后细分为8条线——S线（职能线）、R线（服务线）、0线（安全架构线）、B0线（企业发展系统）、B1线（无线业务系统）、B2线（互联网业务系统）、B3线（互动娱乐业务系统）、B4线（网络媒体业务系统）。

2006年后，伴随着薪酬体系的调整，腾讯内部又作了一次大的组织结构调整，变成"四横四纵"的格局。"四横"是4个支持体系，一个是运营维护支持体系，一个是创新研发体系，一个是行政职能部门体系，另一个是员工成长体系。"四纵"是4个产生正现金流，而且和资本市场息息相关的业务单元，分别为移动互联网、互联网增值业务、网络广告和互动娱乐。

2012年4月24日，腾讯公司董事会主席兼CEO马化腾与美国《连线》杂志创始主编凯文·凯利进行了一个"失控与控制：探索互联网本质"的尖峰对话，这不是傍大腕式的炒作，而是腾讯刻意为公司架构大调整所举办的一个"吹风会"。

实际上，马化腾想对公司架构进行调整的决心已酝酿多年，并在两年前就表示要进行战略转型升级。

2012年5月18日，在国内互联网业内人士看来，是一个难以忘却的日子，这一天，有着"Web 2.0 之父"概念之称的 Facebook 以超过 1000 亿美元的市值在纳斯达克上市。同一天，被视为国内最像 Facebook 的腾讯公司宣布了它的重组计划。

5 月 18 日，腾讯披露了重组的最终方案。组织架构从 2005 年开始已"服役"了 7 年之久的八大线调整为六大线 + 电商控股公司。这六大线为：企业发展事业群（CDG）、互动娱乐事业群（IEG）、移动互联网事业群（MIG）、网络媒体事业群（OMG）、社交网络事业群（SNG）、技术工程事业群（TEG）。

腾讯的成功不是偶然的，而是来自对用户需求的长期关注、对外界技术和趋势变化的高度敏感，以及根据不同发展阶段主动作出的各种调整。

为了在未来更上一个台阶，腾讯选择主动根据内外变化和互联网发展逻辑变革组织架构。尤其是处于上升期时，腾讯内部能居安思危地为下一个 5 年作出这么大的改变，殊为不易。

作为企业家，马化腾对腾讯的管控能力在中国互联网难出其右。对于一个员工超过 2 万人的企业组织，小马哥却能变换阵势，其时间节点选择之准、阵法的有效性和变阵后的凌厉攻势都难罕出其右。他不仅是一个企业家，还是一个兵法家和谋略家。

凭借小马哥在成立之初对腾讯的架构，从 1998 年到 2003 年，腾讯用 5 年时间达到了营收 10 亿元。2005 年小马哥第一次对腾讯变阵，到 2012 年腾讯营收从 10 亿元达到了百亿元。

Business Develop

德鲁克认为，企业作为一个组织，迫切需要正确的组织结构。因为，一个企业要想从单纯的小企业逐渐成长为复杂的大企业必须有合适的组织结构。对此，他在自己的文章中阐述道："那些希望成长的企业，即使只成长为中等规模的企业，也必须彻底思考并找出正确的组织结构。这种组织结构使它在作为一个小企业经营的同时，能够成长为更大的企业。"

尽管德鲁克认为合适的组织结构对企业发展极为重要，但根据他的观察，管理者们直到 20 世纪 50 年代的早期或中期才开始关注这方面的问题。当初，很多人不解为什么要进行组织结构的设计。他以通用公司在 50 年代初期的改革为例，一些管理人员承认原有的结构的确很混乱，不适于企业的发展，但是，他们仍然没有弄清楚为什么要在组织结构上浪费时间。他们以为只要制造好自己的商品，根本没必要去操心该由什么人去做什么事情。

德鲁克认为，这种观点恰恰是致命的。在他看来，就算是最好的组织结构也不一定保证取得成果和成就，而混乱、不适当的组织结构就更不能履行这种保证了。相反，不适当的组织结构容易造成摩擦和挫折，加剧内部不必要的人力和资源的浪费。因此，他强调"正确的组织结构是取得成就的先决条件"。

德鲁克认为，组织者在设计组织机构之前，必须清楚解答以下几个问题：

1. 组织中应该有哪些构成部分？

2. 哪些部分应该结合在一起，哪些部分应该分开？

3. 与各不同部分相称的规模和形式应该是怎样的？

4. 各不同部分之间的恰当配置和关系应该是怎样的？

回答了这些问题之后，管理者就会对组织结构的设计有了总体上的规划。

平台的
开放是一种能力

我们需要更加夯实基础，稳步向前，摸索出更多行之有效的开放之路，让合作伙伴取得更大成功。

《每日经济新闻》：对于未来的开放平台，您认为最大的挑战在哪里？

马化腾：开放不仅是一种态度，更是一种能力。从内部说，腾讯的业务线很多，组织结构也相对复杂，这也造成了开发者要面对我们不同的部门。一个月前，腾讯成立组织委员会，对跨部门协调事宜，统一进行处理。今后，他们只要找组织委员会就可以统一解决这些问题。

从外部来说，最大的问题依然是安全的问题，用户的账号密码、关系链、虚拟财产，我们对此都是很谨慎的，只有保证用户的安全性才可以往下走，因此，我们不会随便让一个第三方应用在开放的平台上运行，对于开发商的介入，接口资源、范围、频率、收入，我们内部都制定了分成分级，有完善的奖惩机制。

2011年，我们的开放平台已经打下了非常不错的基础，在未来的一年里，我们需要更加夯实基础，稳步向前，摸索出更多行之有效的开放之路，让合作伙伴取得更大成功。

——马化腾接受《每日经济新闻》采访

延伸阅读

开放对腾讯米说，既是挑战，更是机遇；唯有正视挑战，把握机遇，才是腾讯脱颖而出的坚实保障。

开放首先考量态度，腾讯曾受到外界对其是真开放还是假开放的质疑。在实行开放之前，腾讯连续办了10场"诊断腾讯"的活动，邀请了100多位专家为腾讯把脉，刘炽平称"腾讯就像照了一次X光一样"。

开放是一种态度，是心态的调整。腾讯总裁刘炽平说："我们尽自己最大的努力，在最短的时间内对自己进行调整，将整个公司切换到开放平台上。"开放的另一意义在于倾听。他表示，以前腾讯总是习惯于埋头做事，而在开放这个重大战略上，腾讯希望更多地倾听来自社会各界的声音。

开放也考量腾讯的技术能力。首先是安全监管能力。马化腾说，我们最担心的是安全性的问题。其实过去几年，我们一直承受盗号的压力，最高峰的时候一天盗号10万个。我们的压力很大，担心其他地方的网站对用户密码的泄露，甚至包括黑客用钓鱼网站来引诱客户输入账号密码，造成账号丢失。因为最担心这个问题，在开放之前，我们做了大量准备工作，包括对账号异地不正常的登录，我们可以时时检测出来。对一个正常用户使用，我们可以有一套模式显示出来，白天晚上的登录地几乎都是固定的。

如果突然在河南、西藏登录一次，这个就会是异常登录。你要把这个基本功做好，才能做开放平台这个事情。一旦开弓就没有回头路，你不可能中途返回。大趋势大家一直很认可，能做到什么程度就是能力问题了。

其次是用户的隐私问题。马化腾坦言，Fackbook在全球率先打造了一个非常成功的产业链。国内自身的SNS平台，是从即时通讯演变出来的。即时通讯的软件具有隐私性，不是一开始就能让我的朋友，看见我朋友的朋友，本身的基础不一样，为此需要花相当长的时间才能把这个问题解决掉。

最后是把坏事变好事是一个能力。马化腾坦承，3Q事件的正向作用挺多的，比如加快步伐统一思想，再者就是要改变做事的方式，要保持对外的沟通，跟媒体的沟通，包括跟开发者的沟通。国外大公司大都很注重这一点，国内企业在观念上应当形成这种转变，在实践上更要落实这种转变。

SNG 社交平台部、开放平台部总经理 Peter Zheng 在一次发言时再次申明：

我们谈开放是一种能力，首先是讲平台的基础能力。这包括几个方面：

第一，"N 次方"的能力。我们的社区平台让开发者可以触达海量用户，有机会快速地聚集人气，在大平台上谋发展。

第二，跨平台的能力。多场景，多平台（Qzone、朋友网、Q+、QQ 游戏、Discuz! 等）快速接入，移动互联网的时代已经到来，开放平台将来也有机会给更多的中小企和业第三方分享移动互联网带来的机会。

第三，一站式服务的能力。我们向开发者提供完善和系统的服务，包括技术架构、支付体系、安全体系和运维和客服的支持，等等。这些能力的开放使开发者可以充分发挥所长，专注于用户体验本身，做出精品应用。

第四，打造精品的能力。开放并不仅仅是提供 API 让应用能够接入进来。除了基础能力的开放，我们也会基于自身所积累的数据挖掘和用户研究能力，帮助开发者对应用进行改造、优化，使之真正满足用户的需求。

具体方面，今年我们先后开放了地图、街景，以及近期热门的音乐能力。新能力的提供，为合作伙伴在新领域开发优质应用奠定了基础。同时，我们不断结合腾讯的社交资源积累，深入优化"邀请"、"请求"、"礼物"等功能，并继续新增"挑战"、"召回"等全新功能，帮助开发商以更低的成本获得优质新用户，同时还刺激用户活跃，降低用户流失。这些功能，都在通过开放API 的模式为合作伙伴提供，是开发商看得见摸得着的实际好处。

理论上做足了功课，考验也是一触即发。2011 年 5 月的一天晚上，腾讯微博开放平台的维护人员突然注意到一家通过腾讯微博 API 提交程序的开发者出现"异常"举动：大量微博用户在毫不知情的前提下被动"收听"（关注）了这款应用程序。相关负责人立刻意识到这是开发者设置的陷阱：这款程序在用流氓方式进行推广。而且时间点很巧妙——晚上通常是各大网站和平台监控力度相对薄弱的时间段。

几分钟后，这款程序被腾讯微博封禁。紧接着，该程序的开发者发现，自己在腾讯微博开放平台上的权限层级被降低了。为此，他不得不与开放平台负责人反复沟通和解释。但他必须重新达到一定要求，才能被恢复原有的开发权限层级。这次突发事件的成功解决充分体现了腾讯开发者平台服务的能力，以及对用户体验的关注。

Business Develop

在 2010 年召开的全球股东大会上，阿里巴巴董事局主席马云公开宣称其企业内网未来 3 年要向全社会开放。

激烈的市场竞争促使企业不断求新、求变，不断实现新的战略转移。而淘宝要实现电子商务基础服务提供商的战略转移，社会开放的决议也是其必经之路。淘宝第三方服务合作伙伴、优越网络 CEO 陈知行认为"数据服务其实比交易更赚钱，圈人也比圈地更值钱"。

在竞争环境的看法上，原新蛋（中国）华南区总监"购伙伴"网站的创始人吴勇向记者这样说："竞争局势的改变，势必倒逼淘宝进行战略调整。"电子商务行业的巨额利润驱使众多商家在这里云集，都要瓜分这个网购市场。在淘宝网迅速成长的同时，惊心动魄的商业竞争也令人震撼，eBay 惨败、谷歌退出中国京东商城、当当、红孩子等 B2C 网购企业不断烧钱、融资，市场生存环境的恶劣尽在眼底。

在这个市场中，暂时的技术、资金、规模优势都不能让你一劳永逸。一旦你的诚信体系覆盖盲区等呈现漏洞，对手就会群起而攻之。激烈的市场竞争，逼迫你必须进行战略调整以求更稳、更快发展。

开放、透明、分享、承担责任作为阿里巴巴一项重要企业文化和公司未来信条显示，其作出的调整正是向全社会开放。而且，据了解，该公司 2 万名员工都可以直接在内网向高管提问任何问题。马云在股东大会上还曾说，"只要你敢问我就敢回答，包括今天的股东大会也一样，我希望只要股东敢问我们一定敢回答，没有什么东西是不可以回答的。"

另外，很多小卖家做大、做强以后出去独立开店是商业发展的必然趋势。阿里巴巴做出的明智之举——顺应局势发展，迎合商户心理，开拓新的商机，开放企业内网，为其可持续发展提供了有力保证。

开放不应该仅仅是意愿，而应该是创新能力。一个企业、一个行业能不能实现真正的开放，并非取决于这个企业和行业有没有开放的意愿，而是取决于这个企业有没有开放的能力。开放是一种能力，不仅仅是意愿。

开放需要的是能力和智慧，不开放的底色则是低能和虚弱。一个真正能实现开放，与其他企业和平共处的企业，是真正强大的企业。它不仅有强烈的广种福田、广结善缘的愿望，而且有能力带领整个行业设计和营造可持续的、可循环的生态环境，建立通过帮助别人成功从而成就自己的商业模式，成为真正堪称卓越的公司。

市场和能力
决定业务节奏

门户只要做肯定有收获，就像种
田一样，有耕耘肯定有收获嘛，最多
收成差一点，但来年还可以补。

《21世纪》：那腾讯每次新业务推出的节奏遵循怎样的商业逻辑？

马化腾：其实主要还是看市场和自己的能力的匹配。2001、2002年的时候，基本上只有无线增值业务是最大的，很单一。其他的都是成本支出，包括我们的 QQ 平台等都是成本。

那个时候我们就要考虑下一个增长点是什么。当时我们已经开始初步做一些，像互联网增值应用，开始尝试向会员收费，但是量很小。

到了 2002 年、2003 年的时候，网游已经被证明商业模式是可行的，而且还不仅是一个收入、市场的问题，更多的是用户占用的时间是很长的，可能更多的人就不使用即时通讯，去转用进入网络游戏的时间。

我们觉得这是一个很大的威胁，也是一个很好的机遇，我们要进入这个领域，否则的话，就是灭顶之灾。

门户其实看得更长远，要有一个长期的发展，门户的投入很大，硬成本是很清楚的，而且回报没那么快。

但当时就是看到除了 SP 业务以外，就是广告收入，就这么两块。但广告收入和网游不一样，只要有投入，肯定会有广告收入能回得来，不像网游，有可能是投入很长时间，过两三年以后，发现一款游戏出来，方向走错了，或者策划走偏了，最后全部没有了。

所以，游戏的偶然性会比较大，但门户只要做肯定有收获，就像种田一样，有耕耘肯定有收获嘛，最多收成差一点，但来年还可以补。

——摘自《马化腾：如何从"较好"到"最好"》

延伸阅读

是否具备成功的条件？能否做成？在开展每一个新业务决策之时，马化腾都要求包括自己在内的相关人员自我反思这样一个问题，如果没把握，宁可不做。

马化腾在把触角伸向新的业务线时很少失败，这与他的商业思想有很大关系。在这方面，马化腾的《三问》哲学起了非常重要的作用。

一问：新领域你是不是擅长？竞争对手常常对利润、对资本感兴趣，却容易忽视了客户的真正需求，马化腾凭着对网络市场一种朦胧却又具有预见性的理解，极端专注于技术开发和提升质量。

二问：如果你不做，用户会损失什么吗？做软件工程师的经历使马化腾明白，开发软件的意义就在于实用，而不是创作者的自娱自乐，从用户的角度出发去研究产品，是马化腾成功的秘诀之一。

三问：如果做了，在这个新的项目中自己能保持多大的竞争优势？早先，QQ只是作为公司的一个副产品存在的，马化腾对QQ所蕴含的巨大市场价值并没有足够的认识，当时所采取的策略是"三管齐下"：继续巩固传统网络寻呼系统带来的大量利润；将精力更多集中在改进QQ功能和开发新版本上；寻找风险投资的支持。后来的事实证明，马化腾的决策是正确的。

在"三问"哲学的指导下，每一次推出新业务时，马化腾都有自己的商业逻辑，其实更多的时候主要看市场和腾讯自身能力的匹配。

Business Develop

百度是全球最大的中文搜索引擎，在搜索领域有绝对优势，围绕搜索的多元化，基本上没有败笔。如百度贴吧、百度文库等业务，一旦开始，就能迅速上位。

随着大数据时代的到来，2010 年，百度 CEO 李彦宏决定转型移动和云数据领域。对百度来说，这是一项新业务，作为实力最强的中文搜索引擎，百度自身有足够的能力驾驭这一最新业务，唯一的关键是找到有足够的能力负责这一新业务的人选。

李彦宏最初本来想通过收购方式，获得移动领域的技术和社区优势，但随着百度投资的招聘网站——百伯网之类的产品先后失败，李彦宏觉得这一方式并不是最佳的选择。在李彦宏看来，在用户体验和社区服务类产品的开发上，除了曾经打造了百度贴吧的负责人李明远外，没有更好的人能够具备与这一新业务匹配的能力。

李明远是 2004 年以实习生的身份进入百度，作为百度贴吧首任产品经理，他打造了当时最为热门的中文网上社区，使当年百度贴吧的流量，从占百度总流量的 1% 提升到 11%；除此之外，李明远还主导完成了百度知道、百度百科等社区类产品的设计。

虽然李明远并非工程师出身，而是编导专业背景，但是，李彦宏最早重用他，是发现他有营销和产品体验方面的优点，后来他在社区领域也业绩卓著，证明了其突出的能力。因此，李彦宏认为，负责百度移动互联网的业务，最好的人选就是李明远。

于是，2010 年 8 月至 2011 年 11 月，李明远开始担任百度 UC Web 北京产品的副总裁，负责设计新的移动互联网 SNS 平台——UC 天堂，并负责管理百度公司多项移动互联网业务。

2012 年，李彦宏开始全面进入移动互联网，任命未满 30 岁的李明远，成为百度重要战略——百度移动·云事业部的总经理。现在，李明远的云事业部下有四个部门，一千余名员工。他的团队正在构建百度“云”大平台，向个人和开发者全面开放。

在大数据时代，中国逾 8 亿的移动互联网用户，面对庞大的信息和数据，如何能够让用户平等便捷地获取信息，在李彦宏看来，马明远所带领的云事业部所做的工作，将是一件足以“改变世界”的事。

第四章
看清雾霾中的"天空之城"

互联网改变产业、改变社会、改变生活。腾讯将打造一个未来没有疆界、开放分享的互联网新生态梦想。

广阔天空　视野 + 眼光 + 尝试 = 新生态

互联网将不再
作为一个独立的产业而存在

你拥有什么样的产品和服务是最重要的，而不是你拥有一个什么样的渠道。

截杀渠道仅仅是一个"刺客"，占据源头者才是"革命者"，互联网可以减少所有渠道的中间损耗，大大减低从产品到用户消费者的途径。我们看到很多产业，你只是把渠道截杀掉，把传统的渠道抢过来，好像你就获得了一个暂时的利益，但实际上你并没有根本性地改变整个格局。

那么，从过去来说，互联网大幅度拉低交易成本，冲击传统产业链的渠道，这看起来很厉害，但你回头一看，很多被传统替代，或者代替传统产业的公司非常尴尬。比如，当当网取代了大量实体书店，但最终并未获得大量的盈利。

还有曾经非常大的一个传统行业——分类广告，现在走到互联网上之后并没有把它原来那块产值挪到互联网公司上面去，而是被扁平化掉的，消化掉了。

我们可以得出这样一个结论。互联网将不再作为一个独立的产业而存在，它将融入传统产业之中。在互联网的作用下，产业链的上游将会变得越来越重要。也就是说，你拥有什么样的产品和服务是最重要的，而不是你拥有一个什么样的渠道。

——摘自马化腾 2010 中国企业领袖年会
主题演讲《关于互联网未来的八条论纲》

延伸阅读

腾讯从第一天开始就思考如何结合传统行业，QQ 是传统通讯领域和互联网的结合。QQ 诞生的时候，它的中文名字就是网络寻呼机。

马化腾曾经提到，当时的想法很简单，就是通过网页下一个寻呼的信息到 Call 机上，也包括 Email 到达以后，寻呼机可以提醒。短信普及以后，它具备了双向互动，也就是可以上行发消息到互联网，那个时候就诞生了移动 QQ。

马化腾在 2009 年经济危机后认为，随着新技术、新业务的快速发展，IT 产业开始广泛渗透到社会各个行业、各个领域。特别是在经济领域，IT 产业加速向传统产业渗透，产业边界日益交融，新型商务模式和服务经济加速兴起。

马化腾认为，受金融危机影响，越来越多的中小企业开始使用交易成本低廉、交易渠道广泛的第三方电子商务平台，这使电子商务渗透率迅速上升，应用范围不断扩大，服务领域不断扩展。电子商务在促进企业创新经营模式、提升核心竞争力等方面，作用日益显现。

事实证明，马化腾的判断是正确的，腾讯的许多规划正是基于此而作出的。

财新传媒是由胡舒立带领《财经》杂志核心团队出走后于 2009 年 12 月创办的。2012 年 7 月 19 日，财新传媒在其官方微博中如此公告："财新完成了最新一轮新股融资，欢迎腾讯加入成为股东之一，而浙报控股亦保持原有持股比例不变。腾讯不参与财新传媒的日常运营，财新传媒未来仍会坚守独立专业的采编方针，为广大受众带来高质量的财经新闻和资讯。"

"腾讯入股财新，是公司的战略投资。"腾讯投资者关系部助理总经理、新闻发言人叶帼贞表示，"财新拥有专业的采编和经营团队，以及高质量原创财经新闻能力，而腾讯多年来积累了运营中国网民 UV 访问量最高的门户网站和领先社交媒体的经验，双方将会在多方面展开战略合作，把高质量的财经新闻推送到更广泛的读者群体。"

腾讯入股财新的目的在于从中吸取平面媒体的内容优势,从而加强自身网络媒体的内容质量及深度,进而获得更广泛受众,尤其是高端受众的认可。

Business Develop

近年来,在互联网浪潮的冲击下,电商、旅游、出版、教育和医疗等传统行业,都面临着巨大的危机和挑战。2013 年,在百度联盟峰会上,百度 CEO 李彦宏通过对比和分析中美传统行业的发展称:"公立机构占主流的行业,都太没有竞争力了,都是互联网行业可以在其中发展的领域。"

比如,2012 年 2 月 10 日,曾经世界上最大的胶片生产商——柯达公司宣告破产。柯达公司是胶卷时代的王者,占据着全球市场份额的 2/3,在其最鼎盛的发展时期员工超过 14.5 万,相当于今天的苹果或者谷歌的员工人数。但是,随着互联网的发展和数码相机的问世,柯达挣扎多年,直至 2012 年最终破产,一切属于柯达的辉煌,都成为过去。

随着新技术、新业务的快速发展,IT 产业会广泛渗透到社会各个行业、各个领域。特别是在经济领域,IT 产业加速向传统产业渗透,产业边界日益交融,新型商务模式和服务经济加速兴起。

李彦宏指出,互联网将对音乐、视频、文学、出版等传统业务产生巨大冲击。新媒体正在以极快的速度,影响着文化产业的方方面面,尽管它才刚刚起步,商业模式也不成熟,但是这个行业变化必定会很快。

而且,随着"大数据"(也称巨量资料,指所涉及的资料量规模巨大到无法通过目前主流软件工具)的出现,传统企业日渐互联网化已经是必然的趋势,对于传统行业而言,一场颠覆性的创新变革已经难以避免了。

对商业竞争来说,大数据意味着激动人心的业务与服务创新机会。零售连锁企业、电商业巨头都已在大数据挖掘与营销创新方面有着很多的成功案例,它们都是商业嗅觉极其敏锐、敢于投资未来的公司,也因此获得了丰厚的回报。

对商业竞争的参与者们来说，大数据意味着巨大的机会。而且，很多电商业巨头、零售连锁企业，都已经在大数据挖掘与营销创新方面，获得了巨大的收益。

2010年，微软亚太区研发集团主席张亚勤第一次提出了"三大平台之争"，三个平台是指终端的平台、云的平台、商务和社交平台，赢得这三大平台之战的竞争者，将掌握下一代IT产业的主导权。

甚至可以说，随着互联网云计算和大数据的结合，无论是做平台、做硬件，还是做应用、做服务，都将以数据为核心和动力，今后的政治、经济、文化、科技、民生等各个方面都将受其影响。因此，传统行业只有和互联网相结合，利用新技术、新方式寻求变革，才能化解危机，获得发展。

社会结构将重塑、
产业上游价值将崛起

中国互联网实际上处于一个变革前夜，我们非常荣幸见证这么一个历程。

今天我演讲的问题是"互联网问题八条论纲"，大家会以为是在模仿马丁·路德宗教改革时提出的95条论纲。之所以用这样的名头，其实是想提醒各位，应该说中国互联网实际上处于一个变革前夜，我们非常荣幸见证这么一个历程。

本来，我们也准备写95条，由于时间不允许，只有15分钟，所以，我就把它缩短为8条。第一条就是讲互联网即将走出其历史的一个"三峡时代"，激情会更多，力量会更大。

互联网发展时间其实很短，是一个新鲜的事物。任何一个新鲜工具出现的时候总会引起社会的惊讶，以及很多关注，并且风靡一时。这个过程就好像长江三峡一样一路险滩，在未来这个阶段过去之后，我们感觉到新鲜感逐渐丧失了。但是，它推动了社会结构的重塑，以及创新的力量将会排山倒海般到来。这个转折点的一个标志就是每一个公民都能够熟练使用互联网这个工具。

第二点我想讲客户端不再重要，产业上游价值将重新崛起。回顾过去，很多人认为腾讯成功就是因为有了一个QQ客户端软件，我们能够非常便捷地接触到用户，手中有很多用户，推什么产品都可以成功。这实际上是一个渠道，我们能够轻易通过这个渠道去接触到用户。但是在未来我们将感觉不到这个趋势，或者说这种情况将不再存在。

这和我们传统行业存在很多相类似之处，比如，过去家电行业里面，渠道非常强，一台电视机厂家大部分的利润都给中间渠道盘剥掉了，很多厂商是给非常强的渠道打工，比如，给国美、苏宁打工。这个产业发展过程，渠道强势过程在很多行业里面都出现，不管电力、铁路，还是自来水，无一例外。

但是我们想强调在互联网中，这个渠道强势时代迟早要过去。简单地说，价值链在互联网产业链中正在往上游转移。也就是说，如果未来人们只依靠你的客户端，那这个企业将会步入一个重大危机。

——摘自马化腾 2010 中国企业领袖年会

主题演讲《关于互联网未来的八条论纲》

延伸阅读

某人曾在他的微博上这样写道：MSN 上 300 多个好友，只有 5 个人在线。微软公司于 2013 年 3 月 15 日正式关闭即时通讯服务 MSN。除中国大陆地区之外的全球用户被转至 Skype。

MSN 最初是由微软在 1995 年 8 月 24 日成立的因特网服务提供商的，随 Windows95 一起发布。2005 年，刚刚走出大学校园的宋杰和他的同事们成为中国头一批 MSN 用户。宋杰回忆说："工作以后，我发现公司内中方、外方的领导，同事用的都是 MSN，它几乎成了员工必用的办公软件。"

2005 年 5 月，微软宣布和上海联和投资有限公司共同成立合资公司，由此将 MSN 正式带入中国，并实现了门户网站与即时通讯工具的融合。但在 2012 年年底，宋杰所在的外贸企业不得不中断了在 MSN 客户群上的业务联系，改为传统的电子邮件及电话模式。

"除了目前硕果仅存的企业用户，MSN 在中国的个人用户中早已失势。"飞象网 CEO 项立刚说。从风靡一时到偃旗息鼓，MSN 在中国只有七八年的光景就落得这步田地，一个有着微软这个亲爹的"富二代"，也不能避免被关闭的命运。

它的关闭表明，渠道已经不再重要，内容才是王道，这足以证明马化腾的远见。马化腾在 2010 年年底发表演说《关于互联网未来的八条论纲》说过，渠道不再占有优势，稀缺性的内容将最终获胜。

国内互联网每年在流行的东西，分类信息、视频、Facebook、微博等拥有的渠道优势并不能带来长久的增值，反倒是游戏、彩铃、图片下载等非媒体模式应用拯救了数大门户网站。但同时，一旦发现有更好的、获取更新内容的渠道，网友会马上切换到新的地方，流量下降是随时的事。

所以，占据渠道，不如通过创意内容来互动传播。媒体作为开放平台的优势在于能吸引更多的优质"内容"制造者来参与，比如，开心网为留住用户不断增加新的应用，新浪微博为扩展用户不断引导新的"活动"、"插件"。

外界一直对腾讯有一个误解，说腾讯的核心价值就是有 QQ，有渠道。其实，马化腾在很早之前就意识到这是不可持续的。事实上，腾讯很早就开始全力打造产业链的价值源头，不断努力为广大用户提供更优秀的产品和服务。

Business Develop

远见，又叫超前思维，就是用将来可能出现的情况对现在进行弹性调整的一种思维方式。换句话说，超前思维也就是人们如何用目标、计划、要求来指导自己行为的思维方式。它的基本点，就是要求人们目光远大，不要鼠目寸光；要用发展的眼光，关注未来的前景；抓住未来发展趋向，制定相应决策，牢牢掌握人生和事业发展的主动权。

领导人的远见和商业洞察力对企业来说相当重要，只有具备这两种能力，领导人才能为企业和产品的创新指出方向。具有远见的人，是最受机遇女神青睐的人。

有个年轻人开了家杂货店，他卖的很多东西都比别人的便宜。有人笑他，说："你卖的东西价格比别人低，还有什么赚头？反正大家卖的价格都差不多，和大家定价一样就行了。"年轻人却说："以后会有越来越多的人买我的东西的。"

这个年轻人就是沃尔玛连锁超市的创始人。在商战中，有远见的公司会花大量的时间去思考自己的发展道路，有时候一条道路是否正确，需要很长的时间去验证。

人类社会五光十色的发明和创新，大都是着眼于未来，立足于发展的观点而构想出来的。拥有远见，就能够预知未来。如果只知赶潮流，而不先人一步下手，那么就会落后于市场，最终只能被市场无情地淘汰。

假如你能在 20 年前看出电脑将会成为"生活必需品"，你现在就是世界首富了。你没有看出来，但是比尔·盖茨看出来了，所以，他后来成了世界首富，而你没有。有没有在行动前多考虑几步，这正是成功与否的分界线。远见虽然是一种看不见的素质，但它切切实实地影响着人们的成败。谁能有远见，并能对商机准确预测，谁就能先人一步，获得更大的实惠。

美国商界有句名言："愚者赚今朝，智者赚明天。"一切成功的企业家，每天必定用 80％的时间考虑企业的明天，20％的时间处理日常事务。着眼于明天，不失时机地发掘或改进产品或服务，满足消费者不断出现的新的需求，才能独占鳌头，形成"风景这边独好"的佳境。在移动互联网行业中，认识到产业上游价值的重要性就是最大的远见，是大多数互联网企业必须认真对待、及时跟进的业务方向，忽视对产业上游价值的建立将使企业面临重大的危机。

对于一个员工而言，远见不仅需要我们与时俱进地加快知识更新的步伐，而且还要求我们不断超越自己，用创新的智慧去开拓未来，担当创新知识的主人。

打破
免费的魔咒

不要被"免费"吓倒,拥有"稀缺性"
就拥有了破解免费魔咒的武器。

不要被"免费"吓倒,拥有"稀缺性"就拥有了破解免费魔咒的武器。过去有一本书叫《免费》,预言未来以软件形式存在的内容都会免费的。这会让我们很多立志于制造内容和软件的公司都非常绝望。

并不是所有有价值的东西就都可以在市场中找到价格,比如,空气对所有人都非常重要很有价值,但是没有人去买卖这个空气。为什么呢?太多了,这里面提到一个价值重要前提,就是稀缺性。

我们看制造稀缺性的方法有哪几个?第一要有一个长期的大量品牌投资,比如LV。第二要营造一个独特的体验,比如,我们看到苹果的iPhone等,他就是通过一种整合方式把很多技术整合在一起创造出一个非常好的独特体验。其中,他的每一个技术在其他的厂商来看都不是什么高精端的技术,关键把它整合成一个体验,这个就是一个稀缺性。第三要塑造明星,我们看到好莱坞产业电影有一半制作费用都是用于请明星的费用片酬。

——摘自马化腾2010中国企业领袖年会

主题演讲《关于互联网未来的八条论纲》

延伸阅读

往前10年,全球互联网的成功案例,几乎全是用免费的产品和服务去吸引海量用户，然后通过广告、增值服务或其他虚拟产品收费来获得成功，雅虎是这么走过来的，Google 是这么走过来的，Facebook 也是这么走过来的，至于新浪、盛大、百度、QQ、阿里巴巴、淘宝等也都是这么熬出头的。

但免费只是试用，收费才是常态。以 70 后和 80 后为主的新一代消费者更愿意在互联网上花钱。他们乐意为《哈利波特》、《明朝那些事》、《魔兽世界》这样的内容一遍遍掏钱，而且还是正版。

洛克王国是腾讯专为儿童打造的一个在线社区，洛克王国的季度用户达到 4500 万，出版图书超过 500 万册，做大量的玩具和文具的授权，同时，洛克王国的第一部大电影上线也取得了不错的票房。

程武认为，新的模式，将是如何利用腾讯的平台优势，例如，QQ 平台、网络社区，甚至在新兴的微信平台上，将互联网的形式结合到 IP 开发和内容运营里，在创造更多更丰富用户体验的情况下，让用户愿意为它付费。

苹果和亚马逊是眼下把"付费互联网"发挥到极致的两家公司。围绕着 iPad 和 Kindle，他们正在重塑内容产业的价值链，核心在于，让用户享受比免费更及时更愉快的体验。

上述两个例子正是通过稀缺性促成收费的典型案例。那么，制造稀缺性的方法有哪几个？马化腾的回答是：

第一是有一个长期的大量品牌投资；第二是营造一个独特的体验；第三是塑造明星。

对稀缺性的投资是大势所趋，腾讯的正确决策将是其持续盈利，立于中国互联网行业不败之地的"秘诀"。

Business Develop

2013 年 5 月 8 日，法拉利董事长卢卡·迪·蒙特泽莫罗在马拉内罗举行的 Formula Ferrari 全球新闻发布会上正式发布了最新的全球战略，并介绍了公司的核心业务领域。蒙特泽莫罗先生表示："我希望法拉利保持绝对的稀缺性。"

蒙特泽莫罗宣布了法拉利第一季度取得的丰硕成果，共销售了1798辆公路跑车（不包括预售的 La Ferrari），同比2012年第一季度增加了4%，营业收入也增加至5.51亿欧元，同比2012年第一季度增加了8%。此外，营业利润增长了42%，达到8050万欧元；净利润增长了36.5%，达到5470万欧元。

蒙特泽莫罗强调了2013年他对法拉利的愿景与规划：全球产量将控制在7000辆之内，以确保品牌与产品的稀缺与尊贵。

他解释道："我希望法拉利保持绝对的稀缺性。法拉利就像一个风华绝代的佳丽，值得所有人等待，每个人都渴望拥有。这些想法和理念深受恩佐·法拉利的影响，如果我们控制产能，市场上将不会遍布法拉利的身影，现有车主们的法拉利跑车也因此更为稀有与保值。"品牌要想长久立于不败之地，在众多产品中脱颖而出，赢得消费者青睐，稀缺性扮演着举足轻重的角色。不仅是在企业中，在其他领域中也是如此，甚至在赛事中也不可或缺。

与四年一届的世界杯与奥运会等重大体育赛事一样，在正式诞生之前就被谋划者、主办者、国际足联等核心人物、机构定位成一个全球性稀缺性资源，一个全球性的足球顶级赛事。

对于这个被人为打造出来的全球性稀缺资源，每每都会有无数国际商业巨头围绕其设计不同档次的合作模式，进而"心甘情愿"地从腰包中掏出"真金白银"。

四年一博弈的最为经典的足球赛事，其实更像是各路国际性商业巨头们对其稀缺性商业价值的追逐与争夺大战。

这些"真金白银的奉献者"无非是想拥有以下权益——如，赛事冠名权，电视直播节目、栏目赞助权，生产、研发、销售世界杯衍生产品的权利，赛事官方某领域赞助厂商，等等。

围绕着这个全球性稀缺资源又会诞生出一个又一个大大小小的商业链条，这些商业链条时而同行、时而交叉。比赛前后，举办地经济的振兴与发展、商业巨头们的企业品牌与推广、相关衍生产品、相应的电视及其他类型的广告宣传，等等，所有这一切，都会让那些真正赞助了世界杯的各个利益团体可以合法、受保护地享有自己得到的相应权利。

但，即使有了稀缺性的资源，如果市场及受众还没有成熟，也只能铩羽而归，中国的付费电视行业就是一个很典型的案例。

中国付费频道行业中也有数套由各类稀缺性资源打造出来的产品，但因为绝大多数中国电视观众没有付费看电视的习惯，再加上付费电视行业节目质量较弱，对于这个新兴行业的生存始终举步维艰。

而对于四年一届的世界杯，尽管绝大多数中国大陆受众天天抱怨着广告铺天盖地、无孔不入，但能够让他们在电视机前喝着啤酒、吃着小菜、免费看着精彩的世界杯，他们最终也选择了接受。伴随着每一届世界杯，总有无数商家为一个"露脸机会"争得"头破血流"，这无疑是受到其稀缺性带来的、在中国大陆市场中的巨大利润的吸引。

如何制造稀缺性是每一家企业都渴望探究的秘方，简单来说就是要制造"人无我有"的产品和服务，在保证品质的同时，控制其数量，体现其独一无二的尊贵价值。当然稀缺性的制造并不是一件简单的事情，需要独特的创意和卓越的技术支持。

稀缺性的良性发展和进化任重而道远，但是，如何正确看待稀缺性资源和产品更是我们每个人需要补习的功课。稀缺性的产品不是普通大众都可以消费得起的，它就像中国的茅台、五粮液，法国的拉菲，是一个国家和地域文化深度的象征，早已突破了作为商品的单一性。

多维度
的天空，任鸟飞

> 每个参与者都能找到属于自己的
> 生存维度。

　　一个新的互联网时代即将到来。这将是一个鼓励分享、平台崛起的时代。靠单一产品赢得用户的时代已经过去，渠道为王的传统思维已不再吃香。在新的时代，如果还背着这些包袱，那就等于给波音787装了一个拖拉机的马达，想飞也飞不起来。如何铸造一个供更多合作伙伴共同创造、供用户自由选择的平台，才是互联网新时代从业者需要思考的问题。

　　这个新时代，不再信奉传统的弱肉强食般的"丛林法则"，它更崇尚的是"天空法则"。所谓"天高任鸟飞"，所有的人在同一天空下，但生存的维度并不完全重合，麻雀有麻雀的天空，老鹰也有老鹰的天空。决定能否成功、有多大成功的，是自己发现需求、主动创造分享平台的能力。

　　在这个平台上，用户将是内容的主导者、分享的提供者。每个用户的知识贡献、内容分享，是这个平台赖以成功、赖以繁荣的重要保障。少数人使用廉价的工具，投入很少的时间和金钱，就能在社会中开拓出足够的集体善意，创造出5年前没人能够想象的资源。任何有意打破这种保障的行为，都将受到市场的惩罚。

——摘自《马化腾：互联网新时代的晨光》

延伸阅读

马化腾认为，鼓励分享、平台崛起的互联网新时代已经到来。与过去不同的是，这个新时代更崇尚天高任鸟飞的"天空法则"。

从被誉为"开放元年"的2011年起，大型互联网公司都开始将自己打造为开放平台，以吸引众多富于创造力的第三方开发者，进而满足海量用户的各种需求。

QQ早在2006年就开始酝酿开放大计，历时3年开发而成的QQ 2009，被称为"第三代QQ平台"，在腾讯公司内部叫作"Hummer（蜂鸟）"，取轻灵之意。

自2010年11月起，马化腾正式对外宣布，腾讯进入半年开放转型期。腾讯公司12周年纪念日（2010年11月11日）当晚，一向很少向外界输出世界观的马化腾以全员信的方式，再次强调了开放战略："我们将尝试在腾讯未来的发展中注入更多开放、分享的元素。我们将会更加积极推动平台开放，关注产业链的和谐，因为，腾讯的梦想不是让自己变成最强、最大的公司，而是最受人尊重的公司。"

腾讯的开放举措赢得了业界的赞赏。有分析人士称，腾讯真正从用户角度出发，满足网民日益增多的在线消费需求，也为第三方合作伙伴开辟了更多的商机，给中国互联网行业带来新气象。

马化腾也讲过，参与分享的网民数量越来越多，力量越来越强大，互联网产业也随之迎来"核聚变"。原来我们所熟知的商业模式，随时可能成为泡影。每一个从业者必须认识到，如果你不能学会主动迎接，不对这种网民自由参与分享的精神保持敬畏之心，你就会被炸得粉碎。

Business Develop

几乎所有想称雄的互联网公司都在谈论"开放"（不以争夺地盘为竞争的唯一目的）。

"开放"本来是自由软件运动的主题词。自由不等于免费（尽管它们在英文中是同一个词：free），自由软件运动的真正目标是生产出越来越多、越来越优化的软件，而不是让用户拥有免费软件，尽管软件的自由创造客观上带来越来越多的免费软件。那么，如何实现软件的自由创造呢？"开放源代码"是根本。只有开放，才可能让无数有创造力的个人和企业参与到软件生产中来，而不是被追求垄断利润的企业剥夺生产软件的机会。封闭的结果是为数极少的巨头的繁荣，其代价是软件创造的不繁荣。

开放和自由的真正意义在于给弱者、后来者以成长的机会，创造共同财富，实现共同繁荣，实现整个行业和社会持续的创新能力。

自由和开放是好的，这一点或许连垄断者都明白。但垄断者之所以不愿意开放，是因为他们的恐惧心理。正如房龙所说，所有的不宽容都源于内心的恐惧。对垄断者来说，开放就意味着自杀，所以，他们总是会在弱小者要求开放的时候做出"杀无赦"的"艰难的决定"，最终的目的就是消灭强大的对手。垄断者和深受垄断之苦的弱小者内心都遵循着一个游戏规则，那就是"只有你死我才能活"的战争思维。只要这种游戏规则还存在，开放就永远只是强者缓兵之计的说辞和弱者心怀叵测的口号。

如果没有一种范式转换和心智模式的蜕变，开放永远不可能真正实现。

互联网的新生态梦想

> 我想把这个梦想往前推进一步，
> 那就是一齐打造一个没有疆界、开放
> 共享的互联网新生态。

　　如果说我们过去的梦想是希望建立一个一站式的在线生活平台，那么今天，我想把这个梦想往前推进一步，那就是一齐打造一个没有疆界、开放共享的互联网新生态。

　　我觉得这个梦想是非常重要的，所以，最后我是非常诚挚地利用这个机会邀请我们在座的所有合作伙伴，和腾讯一齐携起手来，为了未来的梦想一起努力，为未来的整个没有疆界、开放分享的互联网新生态而努力。

——马化腾在 2013 腾讯合作伙伴大会上的讲话

延伸阅读

　　2011 年 6 月 15 日，腾讯在北京召开了以"开放共赢　成就梦想"为主题的合作伙伴大会。会上，马化腾向与会者提出了一个数字——200 亿元，这是腾讯在 2010 年取得的实际收入。他明确表示，腾讯开放的第一个阶段目标就是"再造一个腾讯"。这 200 亿元是希望所有合作伙伴，尤其是中国的合作伙伴来共同打造市场规模。

　　据悉，2010 年腾讯的收入中有 40 亿元是分给其合作伙伴的，这还不包括渠道的费用。不过，这个数字的大部分是分给其少数的大型合作伙伴，甚至相当大的比例是海外的合作伙伴和开发者。

腾讯方面表示，在其整体开放之后，希望有越来越多中国方面的合作伙伴和开发者可以分享这一收入。马化腾希望，可以借此将此前把精力投向Facebook、苹果 AppStore 的开发者"拉回国内"。

截至今年上半年，有近两万个合作伙伴已经或正在等待接入腾讯开放平台。在合作伙伴中，最高的一款应用单月分成已突破千万元。

回顾腾讯发展的 12 年，马化腾表示，腾讯的使命正在发生变化，标志着它从只确保自身经营成果，升级到着眼于整个产业生态环境的良好、健康和可持续发展，其心态也从"经营生意"转变为"保护生态"。

Business Develop

斯坦福大学管理科学与工程系教授谢德荪(Edison Tse)在中国出版了《源创新》一书，介绍了硅谷的创新模式以及他提出的"动态生态系统理论"，即"源创新"。

他认为，动态战略理论的核心在于：在信息时代，重点不是在原有市场中竞争，而是随着信息的增加，如何有效地组合各方成员的资源，来为各方成员创造新价值。以此吸引更多成员加入，从而形成一个有生命的生态系统。

2011 年 12 月 20 日，百度联手戴尔推出了首款深度植入易平台手机的举动，为行业注入了一股新鲜活力。业内人士预测，云战略的浮出将有望终结移动互联网行业的乱局，突破产业成长中资源分散、生态缺失的瓶颈，重构全新的商业模式。

据悉，百度云战略的核心即是云操作系统。作为承载应用的云 OS 操作系统，处于沟通硬件及终端、应用的中间层，即整合产业链资源的"枢纽"，目的便是打通移动互联网产业链。

当前，APP 应用扎堆，用户移动获取应用的需求暴增，使行业内迫切需要推出一个统一云 OS 平台，来聚合产业链上的终端、开发者、运营商等资源，推动移动互联网产业的健康、快速发展。百度拥有国内最庞大的存储、计算能力的基础架构，并能快速应对移动应用大数据的处理和交换，"云＋端"的绝对优势让百度的云战略绝非徒有虚名。

此外，百度特有的文本智能语义分析、本地＋云端数据全面匹配、语音搜索等技术，也能同步迁移到移动搜索平台上，在识别用户需求和匹配信息应用上大有可为，阿拉丁及应用开放平台所会聚的数十万的合作商，也能极大地丰富移动产业生态。

可以说，百度的移动云战略，在产业链环节将盘活所有参与者，并形成一个良性的产业生态。

正如百度技术副总裁王劲对云战略的阐释：移动互联网终端包括后台计算、存储等硬件资源，未来都将在统一的安全可控的架构下运行，百度将不断整合云和端上的资源和能力，从根本上解决安全、用户体验、交互适配的问题，最终建立一个崭新的、有活力的生态系统。

业界专家分析，变革与创新、资源和联合是当下推动移动互联网产业发展的主旋律。百度云战略作为先进的服务理念，更适合多样化终端的无线应用环境，让用户无须下载、安装、适配，就能获得跨终端的一致性应用体验。

百度在云战略上的大举抢滩，为产业合作伙伴输出云服务资源和能力，为整个产业注入用户、流量、运营和技术实力。因此，移动互联网行业"七国八制"的混沌局面将被打破，一个开放、透明、健康发展的产业新生态正逐步建构起来。

迎接
"网络生活化"

可以预见，互联网的下一个 10 年
将是"网络生活化"的 10 年。

今天，腾讯的目标就是要搭建这样一个网络生活的平台，大家都知道，腾讯公司是从专注于互联网即时通讯起家的，目前已经拥有包括消费者的 QQ，再到企业级的 RTX 这一套完整的即时通讯的产品线。这是我们的基础，也是一个纵向的核心。同时，在横向方面，我们经历了一年时间的不断完善，极大扩展和丰富了我们的 qq.com 门户网站。

未来，在深度整合的基础上，腾讯将采取"一横一竖"的业务模式，原有的即时通讯工具和门户网站、互动娱乐服务，以及包括多媒体、音乐、电子杂志等在内的网络内容服务和电子商务。

这样的布局，可以服务更多的用户数量，可以搭载更前沿的技术，更为重要的是，在此基础上，可以扩展更广泛的网络增值业务，满足并实现更多的用户需求。我们希望，通过这个平台，人们可以利用网络提升生活质量和工作效率，使网络成为人们日常生活、工作和学习的重要组成部分。

可以预见，互联网的下一个 10 年将是"网络生活化"的 10 年。当然，任何一个产业的繁荣都离不开用户、政府领导、业内厂商、上下游合作伙伴和媒体等方方面面的大力支持。腾讯是一个年轻的企业，腾讯非常愿意和在座的各位及业内合作伙伴一起，共同开创一个"网络生活"的大场面，用更多更好的产品和服务回馈我们的网民与用户！

——摘自《马化腾：腾讯在"一横一竖"中构筑未来》

延伸阅读

在马化腾的脑海里，未来的腾讯要成为中国人在线生活的一个符号。"只要一提到QQ，一提到腾讯，就会联想到在线生活。"他说。正如日常生活中人们对水和电的依赖一样，腾讯要做的正是互联网上的水和电。

受水、电生意商业模式的启发，小马哥把传统生活全部搬上网络，打造在线生活。腾讯旨在打造中国最大的网络社区，满足互联网用户的在线沟通、资讯、娱乐和电子商务等需求，这就是小马哥的一站式"在线生活"服务。

2008年除夕之夜，近50万世界各地的华人同胞通过QQ直播观看春晚；2008年两会期间，上百万网友通过腾讯网建言献策；汶川特大地震时期，腾讯网友的捐款达到2300多万元；2008年北京奥运会期间，有6000多万人参与在线火炬传递，有16亿人次通过QQ率先获知奥运信息……

腾讯已经渐渐形成了自己独特的全价值链网络生态系统，为用户提供一站式的在线生活。

Business Develop

大学毕业后，伍薇进入一家外企工作。当时，她花在开心网的菜地上的时间，开始明显多于在人人网上抢车位的时间。而现在，她习惯于把所有遇到的有趣事件都发到微博上，不仅仅在办公室里，甚至在上下班的路上遇到大堵车的时候，她会拍一张一眼望不到头的车龙，用iPhone发到微博上："真庆幸，今天我走去搭地铁了！"

休假时，她在豆瓣的"同城活动"里寻找自己喜欢的各种演出讲座，点下"我要参加"。实际到场后，再用街旁网"签到"，有时她还会发现有别的朋友和自己同在一地。

"我不用再真正见到我的朋友们，或者一遍遍给他们打电话、发短信，我就能知道他们在做什么，喜欢什么，要干什么。而且我也了解到更多层面的他们，在这些网站上，他们更放松，也更自我。"她如此总结，这些网络让她的人际关系"更简单、随意，也更直接"。

随着互联网向全面社区化发展，来自网络社区用户之间的信息共享正日益成为网络世界中一个重要的信息交流纽带。在一些社交网络平台上，来自好友之间的"转帖"、"分享"等行为已经成为中国网民最为热衷的一种信息传递方式。

随着社会的发展以及互联网技术的进步，人们寻求分工和协作的范围扩展到整个网络，逐步开始了网络的社会化，建立网络上的社会关系，并将这种社会关系演化为现实中的关系，逐渐发展成为社会化网络平台。

很多人在研究腾讯的核心竞争力时发现，腾讯真正赖以发展的基础是通过社会关系网络扭结在一起的强势用户关系。这群用户相互之间不断交流，形成一种相互依赖的关系。马化腾正是因为很多年前就看到了网络社区这一趋势，围绕社区平台做文章，才让QQ火爆起来。

Facebook在社会化网络这一领域已然成为领军者。它从哈佛大学内部的社交网站扩展至常春藤名校间的联盟，最终席卷全球。现在，它拥有5亿用户，访问量位居全球网站第四（前三名是谷歌、微软和雅虎）。

仅仅是这些用户每天上传的照片数量，就已经让Facebook成为最大的照片分享站点。就在你看这句话之时，Facebook又产生了1000万次的页面访问量，40%的用户每天都登录，3500万用户每天更新状态，用户们每天分享10亿条内容。

罗素说，参差多态乃幸福本源。对于互联网世界来说，也是如此。社会化网络吸引更多的人投身到网络的怀抱，并且创造出更多的信息，使这个世界更生动、温暖与个性化。

Tencent

微信支付

和谐世界

第五章
不懂带人，你就自己干到死

人才是企业最重要的资产，团队是企业的灵魂。一个优秀的团队必将引领企业走向更加高远、更加广阔的世界。

人才 + 团队 + 激励 = 铸造成功

甄选
人才以德为准

对我们来说，选人品很重要，超
级强调这块。

《互联网周刊》：您说到要招更好的人，您对人才的要求最关键的
是什么？

马化腾：对我们来说，选人品很重要，超级强调这块。这跟我们
的文化有关。喜欢简单的，不喜欢搞政治化。包括选干部，先看人品。
第二是看专业能力和配合能力、聪明度等。这是我们选拔人才的几
个基本原则。

——马化腾接受《互联网周刊》采访

延伸阅读

马化腾直言："我面临的最大挑战就是人才奇缺，这让人很头痛，我们一
直很欢迎优秀的人才加入我们，大家一起闯一番事业。"

"腾讯不会为短期目的而招聘，一旦招聘对象进入公司，就希望他能和大
家一直共事。"腾讯人力资源总监奚丹说。这些要求同样适用于那些高层次的
稀缺人才，腾讯不欢迎短期逐利者，无论他的专业水平多高。倘若一个人要
进入腾讯，往往要经历几轮面试，不仅有分管领导，还要和团队内的成员交
流业务，他们要考察新人是否能和团队和谐相处。

腾讯对员工作评估时，会邀请他的上级、他同级的同事以及他的直属下
级来参与一个第三方的评估问卷的调查，然后，对其中的一些问题进行跟踪

和走访，以确保在文化和价值观上对所考核员工有一个相对比较客观的评价。

腾讯对高级人才综合能力的全面评估，仅一张雷达图即可呈现。比如，腾讯对高级人才有 7 个维度的纵向评估，分别是正直诚信、激情、团队管理与人才培养、全局观、前瞻变革、专业决策、关注用户体验；同时有 4 个维度的横向评估，分别是管理自己、管理工作、管理团队、管理战略 / 变革。

腾讯每年一度的 360 度能力评估，邀请被考核人的上级、平级、下级以及跨部门的合作者，从以上维度对被考评者进行 360 度的全方位评估。最终将横向 4 大维度、纵向 7 大维度的评估结果连接起来，形成考评结果雷达图。

腾讯人力资源部助理总经理陈双华介绍："比如说，对于进行考评的某一个项目同级别的被考核人会有平均分。如果分数高于平均分，雷达图会告诉你，高出的分数在哪里，带来的好处在哪里，大家是如何评价你的；如果你的分数低于平均分，雷达图也会告诉你，低出的分数在哪里，不好的地方是什么，大家是如何评价你的。"

大企业运用的人力资源管理原理都是相通的，腾讯则执行"持续稳定地使用最简单最有效的工具"的思路，雷达图恰好满足了腾讯的需求。雷达图多维度的综合评价方法，让腾讯能够评估人才的综合能力的动态趋势，被考评人本人借助雷达图，能够清晰地了解综合能力的变动情况及好坏趋势，看到自身需要努力的方向。

Business Develop

对于企业领导来说，员工的人品就像火车的方向、路轨，而才能就像发动机。如果方向、路轨偏了，发动机的功率越大，造成的危害也就越大。每个人的潜力都是无限的，有什么样的人品，就会有什么样的工作业绩与生命质量。人品领导力才是决定企业成功的基石。

著名的管理大师德鲁克曾经说："如果领导者缺乏正直的品格，那么，无论他多么有知识、有才华、有成就，也会造成重大损失——因为他破坏了企业中最宝贵的资源——人，破坏组织的精神，破坏工作成就。"常言说"做人要直"，"做事之前先做人"，讲的都是一个道理，作为领导者，人品很重要。

德鲁克认为正直的人品是领导者应具备的唯一的绝对条件，但不是每个人都可以学到的——人品作为一种内在的品质和涵养，必须通过个人的内向修炼，通过持续的自我省察和反馈改进的方式获得改善。但是，这并不妨碍领导者在管理实务中通过榜样和避免犯错误来塑造正直的品格。

无论讨论哪种类型的领导力，人品都非常重要。从某种意义上说，领导力就是人品。支撑领导力的三个要素就是：抱负、能力和诚信。如果三个要素失去平衡，出现了抱负与能力的可怕结合，就会出现个人权力高于组织愿景、把个人利益摆在整体利益前面——自私的领导者。而如果没有能力、诚信与抱负的结合，会制造出一个善良却没有实现能力的领导者。诚信与能力的结合可以促成善举，但不会开辟新的天地。只有三者平衡，才能让领导者忠于一个合乎道德的抱负，并为他人实现那个抱负。

有位经济学家提出一个公式：人品＋质量＝品质。这里的"质量"是指产品的性能、材料、使用期限、外观等技术指标；"品质"是指消费者对产品满足市场需要的品位、知名度、名誉等的客观评价。"人品"就是人的思想品质、职业道德、责任心等。公式告诉我们：人品决定着产品质量的品位。

无论什么产品，从生产过程到流通领域，再到消费者手中，整个过程不仅仅是人与物打交道，而首先是一种人与人的关系。产品品质说到底是人对人要讲良心、讲信誉、负责任。只有人品高尚，时刻为消费者着想，产品的品质才能提高。

从某种意义上讲，市场经济是一种人格经济。谁具有高尚的人格和道德，能够坚持正确的经营方针，始终以一流的产品和一流的服务为顾客服务，谁就会获得他们的信赖，从而获得良好的经济效益。

一些跨国公司在全球化过程中就非常重视道德建设，在选贤任能方面尤其重视人品。惠普就是用人重操守的成功典范，其著名的"恒久价值"观，内容包括：相互尊重、诚实正直、多元化和团结合作。惠普公司在招募新员工时，十分注重选拔具有诚实、正直品行的人才。

惠普认为，如果一位员工不能诚实地工作，可能他在短时间内能够带来效益，但他不可能带来长远的利益；如果一位员工不能公正地做一件工作，那么，公司的声誉就会受到损害。在惠普，只有为团队利益工作，而非为个人角色工作的人才会受到礼遇。

美国著名的福特汽车公司是以福特的名字命名的。当年福特大学毕业以后，去汽车公司应聘，和他同时去应聘的三四个人的学历都比他高，他觉得自己没什么希望了，但既然来了，也不能不去试一下，于是，他去见了董事长。一进办公室，他发现地上有一张废纸，就弯腰捡起来丢进了废纸篓，然后走到董事长的办公桌前，说："我是来应聘的福特。"董事长对他说："很好，很好，你已经被我们录用了。"福特感到意外，董事长解释说："前面3位学历的确比你高，但是他们的眼睛里只能看见大事，而看不见小事。而只能看见大事、忽略小事的人是不会成功的。"福特就这样进了这家公司。

惠普和福特的事例都清晰地向我们传达了一个信息：人品是企业搏击市场的中流砥柱。

培养一群
善于解决问题的人

我看到很多资金、机会，其实很多行
业和企业都不缺乏，最最关键还是人才。

主持人：您觉得腾讯，应该长期关注的一些热点会在哪里？

马化腾：如果从内部来看，我觉得最关注的还是人才。中国互联网的市场和前景机会非常大，但是，我们看到很多的企业在这个发展过程中都有不同的表现，或者是不同的发展。

事实上，我从这么多年从业的看法来说，最关键还是人才的培养，这对一个企业未来能走多远、产品能够为用户创造多大的价值，更多体现在对员工和骨干梯队的人才培养上。

我看到很多资金、机会，其实很多行业和企业都不缺乏，最最关键还是人才。包括很多互联网行业在国外竞争中，和欧美、韩日这样的市场相比，最大的区别就是人才。我们也看到像现在最大的一块，从收入来看最大的一块市场网络游戏，走的也是先从国外引入的方式。但是，因为我们没有人才，没有在这方面非常有经验的人才，策划的、美术的、编程的人才。当然，基础人才是有，但是没有运营的经验，这成为制约中国互联网发展最大的因素。

腾讯也看到这方面是很大的一个因素，所以，我们对内对外都一直强调，人是企业发展、互联网行业发展的最根本要素。

主持人：马先生谈到了人才的重要性，能不能简单谈一下腾讯目前如何确定自己的人才战略？

马化腾：我们很注重人才梯队的培养，对腾讯的老员工我们提供更多的培养机制，建立更多的职业发展通道，但是，我现在还不是很满意，对这块的要求还要更高。腾讯除了腾讯研究院之外，还有一个腾讯学院，目的就是希望能够在内部培养更多的人才。第二个方面，我们还是积极从外部引入不同行业的专业化人才。

腾讯过去从一家技术型的公司，演变成一家综合性的互联网服务商，我们还缺乏很多条腿。包括像网络方面、品牌方面、网络广告方面、电子商务方面、搜索方面等，我们都需要引入外界更多的志同道合的专业人才，这也是我未来需要花更多时间进行关注的。

——马化腾接受腾讯科技独家专访

延伸阅读

目前腾讯80%的中层干部都是自己培养出来的。在15人左右的高层领导中，有1/3是创始人，1/3多是自身培养出来的，少于1/3是空降而来的。即便是空降的高层领导，经过多年的腾讯文化熏陶也已充分融入。

提高公司团队的能力，招聘优秀的人才只是第一步，重要的是为他们营造一种学习的氛围。在腾讯内部，每一位新入职的员工都有一位资深员工来担任导师，并为每个人设计相应的职业培训和发展方向。

除了腾讯公司CEO这个身份，马化腾同时还是腾讯人力资源管理执行委员会负责人。从这个身份不难看出马化腾对内部人才管理的重视，其中，对高级人才的培养和管理更是腾讯人力资源管理的重中之重。

腾讯人力资源部助理总经理陈双华在接受《经理人》采访时表示，马化腾作为人才管理工作的最高BOSS，一直在思考腾讯要如何帮助高级人才持续成长。

面对高级人才，传统的培训方式已不再适用，刻意标新立异又不是腾讯的风格，于是一个酝酿已久的概念——"辅导年"被提了出来，得到马化腾的认同。所谓辅导年，是指各层级的领导运用人力资源团队开发的标准化工具和流程，针对下属的业绩和发展提供教练服务。先从马化腾等最高层领导开始，在总办的核心团队中推行。

由于效果良好，这两年从高层、中层逐层往下普及开来。人力资源部为此设计了高层论坛，并定制了辅导课，在内部网上开设了辅导专区。这些工具方法让公司创始人和高层能够为下级现身说法做辅导，从而提高了人才培养的效率。

2011 年之前，腾讯的管理理念有四条：关心员工成长、强化执行能力、追求高效和谐、平衡激励约束。现在的腾讯更是把管理聚焦于人，新的管理理念只有一条——关心员工成长。

Business Develop

杰克·韦尔奇曾经说过：越多的人参与到企业的成功中来，就越激动人心。在腾讯，这句话有另外一个版本："让每一位腾讯人与腾讯一起成就闪亮的未来。"

最初，腾讯人力资源总监奚丹成立了一个培训组，作为培养员工的基地，当培训组无法满足公司对人才的需求时，腾讯学院便成立了。"腾讯学院要根据公司的战略需求全方位发展员工，而不仅仅是培训员工。"腾讯学院常务副院长马永武这样阐释腾讯学院的使命。

腾讯学院针对基层管理干部和中层管理干部的不同成熟度，设计了不同层级的培训计划。比如对于准备提升为基层管理干部的员工，有一个"潜龙"计划，而对于那些准备从基层晋升到中层的干部，又有"飞龙"计划，中层干部又有 EMBA 计划，等等。

以"飞龙"计划为例，这些学员会接受将近 6 个月的培训，整个培训过程只有两门课程，一门是"战略规划"，另一门是"执行力"，因为，这是经理人最重要的两个方面。两门课程加起来只有 5 天，而其他的时间则是在进行研讨，进行行为学习和案例分析，导师，有些是来自公司的高级管理层，由他们亲自去辅导、带领学员，帮助这些"飞龙"迅速提高领导能力。

腾讯学院远期目标包括以下三个方面：第一，对员工，学院希望成为员工的知识银行，也就是说员工希望学什么样的东西，都能够在这个学院里找到。第二，对于公司的经理层来说，学院应成为一个他所需要人才的黄埔军校，为各个系统培养合格的经理人。第三，从公司层面上来看，学院应成为公司知识管理的一个平台。

腾讯需要有激情、
顾大局、有担当的管理人才

专业是基础要求，在这个以外，
我们更加强调另外一些特质。

在新的格局下，我们对管理干部有什么要求？很多人会揣摩，公司想要什么样的人？是不是老板个人的喜好最重要？我确实也有喜好，我讲一讲我的喜好。专业是基础要求，在这个以外，我们更加强调另外一些特质。

第一，是不是有激情？在未来面临变革的情况下，这上升为很重要的一点。大家提到员工需要有组织来激活，那么，管理干部就要具备这种激活能力，就要充满激情。

第二，有没有大局观？在我们名下、任内的业绩是不是最重要，很多人往往是这样的心态。

第三，对你负责的产品和服务是不是有抓到底的决心？要一抓到底，了解非常通透，给大家这种感觉；还要有担当，不能说有重大事情发生了躲在后面不见人影，就泛泛地漂在上面。

——2012 年马化腾在腾讯年初战略管理大会上的讲话

延伸阅读

作为腾讯管理制度的幕后真正制定者，陈一丹说："2005 年后，腾讯曾经将'双打制'作为公司培养接班人的主要政策。如今，这一政策已逐渐被'盘点培训制'所取代。"

所谓"双打制",是指腾讯在重要的管理岗位上常常设置两个人。一方面，两个人可以互相协作，共同推动公司业务的发展；另一方面，两人合作可减少风险，当其中一人遇到诸如出差、生病等急事时，能及时由另一人补缺上。外界看到的"马刘配"就是典型的"双打制"体现。

2004 年腾讯在中国香港上市后，火箭般的发展速度令几位创始人难以全面顾及公司各类事务。2005 年，马化腾邀请刘炽平加盟腾讯，出任公司首席战略投资官，负责公司战略、投资、并购和投资者关系。刘炽平曾就职高盛，腾讯 IPO 即由他操刀。

2006 年 2 月，刘炽平担任腾讯公司总裁，帮助董事会主席兼首席执行官马化腾负责公司的日常管理和运营。2007 年 3 月，刘炽平被任命为执行董事。外界一度猜测，刘炽平将取代马化腾成为腾讯的掌舵者。同时，关于腾讯接班人的讨论也甚嚣尘上。

然而，随着腾讯业务的继续壮大，陈一丹感觉到"双打制"已不足以支撑公司的高速发展。"公司业务发展太快，原本有前瞻性的培养速度反而只是勉强跟得上业务的发展速度。"陈一丹说，"如今，腾讯希望通过'盘点培训制'对管理层进行分层考核，通过规范、严格的机制，形成阶梯效应，目的是将重要的人才放在最合适的岗位。"

"互联网飞速变化，领导人的才华、敏感度尤为重要。"陈一丹说，"腾讯希望通过这样的方式培养出真正能担当大任的领导者。比如，张小龙领导的微信就很好地把握了移动互联网用户的需求。"

Business Develop

在腾讯的历史上，从来没有过"网络营销服务与企业品牌执行副总裁"的职位，刘胜义是第一个。在加入腾讯之前，刘胜义已经在广告业打拼 17 年，曾供职于多家世界级的广告公司，作为一名在传统营销领域工作多年的马来西亚籍职业经理人，刘胜义当初为何会选择腾讯？

刘胜义告诉《互联网周刊》："腾讯是一家受尊重的公司，其务实和创新精神，是我所敬佩的。而我希望自己对于广告营销的了解和所拥有的品牌建设经验，能够帮助腾讯实现又一个辉煌。"

互联网营销毕竟还是一个没有既定规则可以遵循的新领域，每个企业、每个人都在摸索一套适合自己发展的道路，刘胜义也面临着很多挑战，每天都在发现问题、解决问题。

对于刘胜义而言，最大的压力是时间，还有人才。掌管着一个800多人的庞大团队，刘胜义很清楚在营销领域什么样的营销人才是最优秀的——虚心学习的精神，一颗火热、充满激情的心和永不止息的魄力。而这三点，在刘胜义身上都得到了最好的印证。

刘胜义帮助腾讯建立了一套能够博取广告界认可的"方法论"——"腾讯智慧"。2006年腾讯公司以每月递增100%的广告增长率，彰显着品牌的力量。从营销方面的成绩来看，他帮助腾讯的在线广告业务取得了长足的发展与进步。

尽管新业务开展起来很难，但是仍然有不少人做到了，他们的秘诀究竟在哪里呢？最优秀的企业领导人具备了什么样的素质和能力？具体来说，企业管理人员应具备七大素质：

1. 具备专业知识和业务能力，做事情专注用心。管理人员自身的专业知识、工作经验很重要，这些因素都可以通过专注和用心的态度转化为能量，从而带领员工做好工作，创造更多的价值。

2. 承担起自己的职责，能够随时保持头脑清醒。管理人员需要承担比员工更多的责任，其思考、眼光、决策等都直接影响自己的团队，清醒的头脑、清晰的思路、充分的准备是做好工作的重要因素。

3. 善于沟通，不去刻意责备员工。好的员工是培养出来的，不是指责出来的。发现问题可以通过温和的态度，就事论事地与员工谈心，做到以理服人、以德感人，让员工从内心认识到错误，并在以后的工作中改正。

4. 对所有员工一视同仁，知道如何引导员工遵循自己的意愿行事。将工作和私人关系分开，营造良好的工作气氛，并且了解员工的特质，引导员工在做好本职工作的同时，实现他们的自我价值。

5. 能够以身作则，要求员工做到的事，自己也要做到。作为称职的管理人员，制定的工作准则和要求，要以身作则，用自己的行动力牵引员工的行为，增强员工的内心认同感。

6. 能够加强部门之间的团结合作。作为一个优秀的管理人员，要善于协调各个部门，能够增强整个团队的凝聚力和向心力，打造具有无限正能量的团队。

7. 善于用人，并不断培养、培训出优秀员工。企业发展的关键靠人才，一定程度上人才不是天生的，而是培养出来的，发现积极向上、态度认真，又有一定能力的员工，可以逐步从基层培养，让其成长为企业所需要的人才。

互补的
团队成员一起拥抱变化

所幸的是，我们拥有一个年轻的
管理团队，能够很好地应对变化并把
握变化带来的机会。

我认为，管理团队成员应该有互补性，并且能够拥抱变化，腾讯在创业时就遵循了这样的原则，现在仍然在贯彻这一原则。

在企业发展的不同阶段，对管理者的要求是不断变化的。所幸的是，我们拥有一个年轻的管理团队，能够很好地应对变化并把握变化带来的机会。

——摘自《马化腾语录：创业和经营要先三问》

延伸阅读

腾讯有五位创始股东——马化腾、张志东、曾李青、许晨晔、陈一丹。许晨晔是一个非常随和而有自己的观点，但不轻易表达的人，是有名的"好好先生"。他最大的爱好是与人聊天，兴趣则多种多样。陈一丹十分严谨，同时又是一个非常张扬的人，他能在不同的状态下唤起大家的激情。曾李青是腾讯5个创始人中最好玩、最开放、最具激情和感召力的一个，与温和的马化腾、爱好技术的张志东相比，是另一个类型。

马化腾是团队中最具协调能力的人，他往往能从大家的争论中发现价值所在。作为一个集体领导的管理团队，不可避免会有不同想法，甚至有时候内部会有很多争辩以致最后意见无法统一。在这种情况下，起推动作用的往往是马化腾。

可以说，在中国的民营企业中，能够像马化腾这样，既包容又拉拢，选择性格不同、各有特长的人组成一个创业团队，并在成功开拓局面后还能保持着长期默契合作，是很少见的。

尽管后来引进了来自高盛的刘炽平、来自微软的熊明华等高管，马化腾的创业团队多年来都很稳定，马化腾对此评论道："大家是互补的，我不是所有东西都看得准，争议让我们不会头脑发热。看起来我们做的事情很多，但都经过了深思熟虑，操作的时候谨小慎微，比较注重成本。"

Business Develop

《福布斯》公布的"2004 年度中国大陆富豪排行榜"中，盛大网络董事长兼 CEO 陈天桥以 12 亿多美元的身家跻身前三甲。在这个对英雄依然非常崇拜的时代，陈天桥在不到 5 年的时间里就拥有令人炫目的财富与成就，人们不禁要问：他究竟是如何成功的？

在某次访谈中，陈天桥道出了自己的成功秘诀，那就是依靠团队的力量。盛大公司创业初期的五人团队到如今一个都没有少，陈天桥对此颇有感慨："如果没有一个互相信任、高效协作的团队，单凭个人的力量，即使自己表现得再完美，也很难创造出很高的价值，盛大也就走不到今天。"陈天桥的话印证了一句话，那就是——没有完美的个人，只有完美的团队。

构成现代团队的成员，一般都是来自五湖四海，来自不同的专业背景，来自不同的人生经历。大家会有不同的意见、不同的思路、不同的习惯、不同的风格、不同的观念、不同的能力、不同的特长、不同的优势、不同的工作方法等，五花八门，丰富多彩。不过，团队成员个性不同、爱好不同、能力不同、观点不同，这正是健康组织所应该具备的特质。只有这样，一个团队才能够完成复杂的任务，才能够高效地实现既定目标。

1. 团队内部需要个性的差异。个性是指一个人的"脾气"、"性格"等，它是一个人身体上的、精神上的、心理上的，是遗传、嗜好、倾向、气质、思想、精力、学历、经验，以及全部的生活情况的表现。俗话说"一个神一个像，一个人一个样"，人的个性既是丰富多彩，又是千差万别的。

在企业中,我们常常可以看到有的人外向,有的人内向;有的人泼辣,有的人文静;有的人健谈,有的人寡言;有的人急躁,有的人淡定;有的人风度翩翩、彬彬有礼,有的人不修边幅、不拘礼节……在优秀的团队中,不同的个性可以实现取长补短。

现代企业既要尊重每位员工的个性,使其创造性得到最大的发挥,又要强调和培养团队精神,使每个人、每个部门协同作战,实现最好的整体功能。这就要求管理者在考虑人才队伍配置时,一定要注意员工的个性互补,减少内耗,增强合力。这就好像让江海吸收骄阳的燥热,让火焰去熔化坚硬的冰块,让黏土去增强砂浆的黏度一样。

2. 团队内部也需要能力的差异。能力优势互补,是指在企业的各个岗位、各部门中,不同学历、专业和经验的员工应当有一个合理的分布。现代企业的内部管理、经营决策、业务管理、市场开拓等工作都是一些复杂的系统工程,需要多种知识和技能的横向联合。而在"知识爆炸"时代,任何一个人都不可能掌握众多的科学技术知识和生产技能,而一个项目可能涉及方方面面的知识,需要不同专业和特长的员工通力合作。

比如,一个充满活力的企业,要有精明的决策者、全面的组织者、踏实的执行者、机敏的反馈者、冷静的建议者、廉明的监督者,做到"八仙过海,各显其能"。企业的决策层中需要经济师、会计师、律师、统计师、工程师,还需要市场研究人员;管理层中需要行政经理、人力资源部经理、财务部经理、销售部经理、企划部经理、技术部经理和工程部经理等;此外,还需要掌握不同知识和技能的员工。

这些专业不同、经历不同、个性不同、背景不同的人,看问题的角度不一样,观点就不一样,意见就不一样。在现代组织中,为了获得团队效应,就需要尊重有各种差异的不同的人,管理者的责任是把他们团结在一起,形成高效的团队。

时代需要英雄,更需要伟大的团队。一个人的智慧再高,能力再强,对于迅速膨胀的信息和不断更新的知识也无法做到全面掌握,你表现得再出色,也无法创造出一个高效团队所能产生的价值。

所以,一味强调个人力量、个人作用的观念本身就已经为时代所淘汰,团队合作的重要意义在以企业为竞争主体的市场经济条件下表现得越来越充分,团队成员间的互补性也越来越成为企业对团队的更高要求。

凸显
专业性的团队合作

> 谁都想当投篮的那一个，那谁都
> 没机会投好篮，所以每一层的专业性
> 要凸显出来。

问题：我们是支持部门，人家有一个项目，然后我们给人家提供技术支持，做好了就会觉得本来就是应该的，可能发奖的时候不一定记得你；做坏了，到时候一定是写你的名字，所以，大家都会倾向关系好的，领导怎么看？

马化腾：是有这样的问题，但这些事一定要有人做。我们希望以后的机制能够逐渐看到这些成绩，让大家能够明显地感受到这个贡献。谁都想当投篮的那一个，那谁都没机会投好篮，所以，每一层的专业性要凸显出来。

一方面，老想着别的功劳挺好的，其实那个功劳他用上你的已经很好了，这个心态要摆好；另一方面，跟你合作干活的那个人也要有一点情商，情商不好的，大家也都不好，他自己要付出代价的。有的人就是情商不高，有的确实情商挺好，那就决定他的前途和未来了。所以，你的选择也对，确实是这样。

——摘自《腾讯总办午餐会马化腾恩谈录》

延伸阅读

腾讯 CEO 马化腾在 TechCrunch Disrupt 大会上表示，很多重大决策没有一个团队、没有一个信任的基础是走不下去的。

马化腾称，很多公司走不下去，是因为内部产生问题，股东、合作伙伴发生争执、有矛盾。他指出，腾讯刚起步时，曾遭遇程序员跑掉，或某个人了解创意出去找风险投资做相同产品的情况。

马化腾表示："如果力不往一个方向使肯定是不对的，因为，市场上有很多人跑得很快。所以，我认为在解决问题的时候心态要平衡一点，要想多一点，我要觉得蛋糕是最大的比例，我们要有志同道合的长期稳定的合作伙伴，即使股份少一点，但是能够长得更大，我觉得这个是更重要的，所以当时我们的心态，包括我们是多年知根知底的同学，知道他的家在哪里，他的父母是谁，彼此间就是有信任感。我们也会经常争吵，或者说有人跟你有矛盾了，说你不走我就走，这种有很多。但是，最后靠这种信任能坚持下来，如果很多重大的决策没有一个团队，没有一个信任的基础是走不下去的。"

腾讯研究院院长郑全战在提出他心目中优秀人才的四条标准时说：一是要聪明且具备高情商；二是能积极主动地工作，完成任务；三是对技术有激情，善于创新；四是具备团队合作能力。

马化腾还亲自制定了腾讯研究院的文化——"CPEI"，即合作（Cooperation）——强调团队合作及腾讯研究院与高校之间的广泛合作；实用（Practicality）——强调研究实用的基础技术；探究（Exploring）——强调学习、探究的科研精神；创新（Innovation）——强调技术和产品应用的创新。

团队工作，具有紧密关联性和成员之间的相互合作、相互依赖性。因此，为了有效地完成团队工作，就必须提高团队情商，如果合作得好，就将取得1+1>2的效果；合作得不好，则将导致1+1<2的结果，造成三个和尚没水吃的局面。

Business Develop

比尔·盖茨说："我不再像以前那样认为智商是无可替代的，想要成功，你还必须要知道该如何作出明智的选择，以及拥有更宽广的思考力。"这就是领导人的情绪智商，即领导情商。

1991年，美国耶鲁大学心理学家彼德·塞拉维和新罕布什尔大学的约翰·梅耶首创了"情绪智力"这一术语，用来描述了解和控制情绪、通过情绪控制来提高生活质量的能力。

1995年，《纽约时报》科学专栏作家丹尼尔·戈德曼在其著作《情商》中引入了情商（EQ）概念，戈尔曼教授把情商概括为以下5个方面的内容：

1. 认识自身情绪。认识情绪的本质是EQ的基石，这种随时随地认知自身感觉的能力对于了解自己非常重要。了解自身真实感受的人才能成为生活的主宰，否则必然沦为感觉的奴隶。

2. 妥善管理情绪。情绪管理必须建立在自我认知的基础上。这方面能力较差的人常受到低落情绪的困扰，而能控制自身情绪的人则能很快走出命运的低谷，重新奔向新的目标。

3. 自我激励。自我激励包含两方面的意思：通过自我鞭策保持对学习和工作的高度热忱，这是创造一切成就的动力；通过自我约束以克制冲动和延迟满足，这是获得任何成就的保证。

4. 理解他人情绪。能否设身处地理解他人的情绪，这是了解他人需求和关怀他人的先决条件。

5. 人际关系管理。恰当管理他人的情绪是处理好人际关系的一种艺术。这方面的能力强的人往往人际关系和谐，适于从事组织领导工作。

此后，"情商说"开始在世界范围内得到流传、发展与应用。人们开始有意识地培养情商，相信高情商更有益于工作和生活。

情商与智商是不同的，智商达到一定指数时，在非人力造成的环境内，很难产生变化。但情商则不同，情商是可以通过学习而向高处发展的。一旦掌握了正确的学习方法和途径，就能够作出不同的反应以应对不同的情境。

用激励
留住人才

在高速成长的企业发挥重要作用的关键人才，激励要跟上，这是我们的逻辑。

《21世纪》：我们遇到很多互联网公司都较早地实现了上市，但也都遇到这样一个问题，最早的一批员工因为股票等获益非常丰厚，导致后来工作动力不足。而后进来的人，却没有办法与之相比。腾讯有没有遇到这种员工激励的困惑？

马化腾：所有的企业都有，我们的"老人"分两类，一类是真正没有动力了，一般的激励，激励不了他了。没办法，他想自己出去创业。有一些仍然保持很强的动力，他还能成长，就是说不需要你激励，他就为了兴趣，为了成长。如果是第一种情况，这没办法。

那后续的新的人慢慢浮现出来，也的确失去了第一次这样的机遇。但是这个世界也是公平的，如果在这个公司待得越长，激励每年就会逐渐追上，不能说完全追上原来早期的人的水平，但是，至少可以让他和同行来比要体现出他的优势，在高速成长的企业发挥重要作用的关键人才，激励要跟上，这是我们的逻辑。

——马化腾接受《21世纪经济报道》采访

延伸阅读

腾讯高级副总裁、人力资源负责人奚丹说："人不是雇员，也不是生产力，而是腾讯最有价值的资源，是腾讯的第一财富。"奚丹刚加入腾讯时，公司处于上市前期，两件事让他颇感惊讶，其中之一是腾讯全体员工都配有期权，这在那个年代很罕见，"这是在制度上捆住员工一起做事的心态"。

2001年8月的一个下午，陈一丹召集腾讯的创始人开了一个会议。陈一丹手上拿了一叠白信封，一个一个地发到大家的手上，信封里装着一张纸，上面写满了英文和数字。陈一丹说了一番话，揭开了大家对这封信的疑惑，"我们腾讯在未来的一天是要上市的，这是大家的期权，每个人要交一元钱，必须是一港元。"

在当时，上市、期权，对坐在腾讯办公室的创始人来说，陌生而新鲜。经历了3年的盈利，腾讯的上市之梦似乎不再遥远。2004年4月，腾讯向中国香港联合交易所递交了主板上市申请，腾讯公布的招股价每股在港币2.77～3.70元。

可以说，腾讯具有一种自发的行进动力，几乎所有人都沉浸于狂热却辛苦的产品氛围中。让员工心无旁骛的前提是，腾讯的物质激励帮他们解决了大部分"世俗"问题。

生存是人最基本的需求。在业界，腾讯一直以高薪著称。奚丹说："腾讯员工的收入应该和腾讯在业界的地位相匹配。"每年，人力资源都会对各岗位的薪酬水平作调研，并做出相应调薪方案，让腾讯始终保持具有竞争力的薪酬。对员工来说，他们只需工作努力，自然会获得满意的收入，无须为此患得患失。

对于最高层次的自我实现需求，在腾讯，是通过TTCP（技术职业发展通道管理委员会）完成的，它就像腾讯的"黄埔军校"。在TTCP那里，技术人才被分为6个级别，从T1（工程师）到T6（首席科学家），每个级别的职员都会得到详细有效的提升培训计划。

当然，做技术不是唯一出路，除了TTCP外，腾讯还提供各类职业通道体系，在腾讯学院设有学分制培训计划——就像大学中的选修课，员工凭特长和兴趣自由选择，既包括管理，也有技术、设计、产品、市场等内容。

Business Develop

管理大师彼得·德鲁克强调，在现代社会，人才是企业最重要的资产。因为，在 21 世纪，经济是以高新技术产业为主导，以知识为基础的经济，是人才经济。如今，企业之间的竞争，知识的创造、利用与增值，资源的合理配置，最终都要靠人才来实现。人才是实现经济体制和经济增长方式的两个根本转变的关键。

并且，人才将使企业的人力资本不断增值，成为企业发展的主导力量；人才将使他的个人才华、理想、价值在企业中得到充分发挥和体现，并能最大限度地提高企业的绩效。

德鲁克认为，在 21 世纪，这些知识型人才将发挥更加突出的作用，因为，高科技支持的知识经济环境下的企业竞争，依靠的就是这些人才，他们将日益成为企业竞争优势的重要因素。由于这类人才是利用头脑中的知识来谋生，他们在挑选工作时，拥有广于传统工人的职业选择权。因此，他们也具有很强的流动性，不像体力劳动者一样，大多数会同企业维持长期的劳务关系。

针对这一现实问题，对员工的激励就显得格外重要。麦肯锡的"晋升与出局（UP OR OUT）激励法"可以提供很好的借鉴：麦肯锡的人员 70% 来自具有 MBA 学历的人选，30% 来自具有高级专业职位（法学博士、医学博士等）的人选，除了挑选应聘人员的工作经历和商业背景外，看重的是他们解决问题的能力。

一旦进入麦肯锡公司，人员的晋升与出局（UP OR OUT）有严格的规定：从一般分析员做起，经过两年左右考核合格升为高级咨询员，再经过 2 年左右考核升至资深项目经理，这是晋升董事的前身。此后，通过业绩考核可升为董事。所以，一个勤奋有业绩的人在 6～7 年里可以做到麦肯锡董事，但是，在他每一个晋升的阶段，如果业绩考核并未达到要求，就要被 OUT（离开麦肯锡）。

麦肯锡的人员享有高薪待遇，但没有谁可以停站。麦肯锡的激励法避免了像猎狗那样工作能力较强的员工的惰性。员工也不会因为激励作用太小而放弃努力，而是一直有危机感和紧迫感，必须坚持不懈地努力，也就是跳起来才能够着苹果，否则你就不能晋升到下一个阶梯，而是被淘汰出局。

　　高智商的激励法是理性的，但是人性化的、高情商的激励法也是同样有效且可行。

　　韦尔奇极其重视领导人在工作中所应起到的表率作用，他时时处处都能让员工感受到他的存在。他喜欢以便条方式与员工沟通，让员工感到十分亲切随和。

　　一次，一位经理连续数十天坐立不安，因为，他是第一次向以严厉著称的韦尔奇汇报工作。后来，在汇报时这位经理对韦尔奇坦白地说："我十分紧张。我的爱人对我说，如果我的报告不能通过，她不让我回家。"在汇报完工作之后，韦尔奇让人将一打玫瑰花和一瓶香槟酒以及他手写的便条送给那位经理的妻子。便条上写着："你丈夫是个非常出色的人。这几周来让他和您备受煎熬，对此我表示歉意。"

　　有时候，让人感动的人性化激励也可以达到最佳效果。

不可或缺的首席行政官

腾讯创业过程中缺少 Charles（陈一丹英文名）不可能成功，他为公司的职能体系、价值观、文化建设和公益慈善事业的付出独一无二。

腾讯文化中独具业内特色文化的很多点子如圣诞 Party、春茗和发红包等习俗在公司十多年能传承下来，都和他密不可分。我想，我们很多同事心目中都把他当作是工作和生活中的良师益友，我也不例外。

两年前，他和我们就提前规划了培养接班人才的计划，希望让越来越多的培养成长的干部和职业经理人与创始人一起融合，承担起越来越多的管理责任，带领腾讯稳健发展，基业常青。

相信大家也看到，随着公司组织架构与时俱进不断地调整优化，越来越多德才兼备的管理和技术人才走到管理和专业的岗位，为腾讯在行业变革中赢得了宝贵的市场先机。在人才培养规划体系方面，他作出了卓越的贡献。

对于 Charles，我首先要说的是感谢。腾讯创业过程中缺少 Charles 不可能成功，他为公司的职能体系、价值观、文化建设和公益慈善事业的付出独一无二，可以说，Charles 在腾讯完美地诠释了"首席行政官"的定义。他同时也是正直、友善、关爱和信任的同义词。作为同学和伙伴，我对 Charles 的感谢无法完全用语言来表达。

——摘自马化腾回复陈一丹卸任邮件《为新生代交接让道》

延伸阅读

腾讯员工的流动率一直保持在 10% 左右，远低于互联网行业 20% ～ 30% 的水平。除了有竞争力的薪酬待遇，良好的发展空间和温暖的企业文化使腾讯能够网罗中国互联网领域大量优秀的人才。

何为腾讯文化？

腾讯五大创始人之一的陈一丹作为腾讯文化的缔造者，他的解读是："首先，从用户的需求出发，真正感受让用户的需求可以落地；其次，希望营造大家庭氛围，彼此之间不是简单的雇佣关系，而是互相关爱、共同进步，以一致的理念、价值观共同做好一件事情。"

陈一丹认为，"一切以用户价值为依归"的经营理念，已深入每位腾讯人心中，是腾讯人的传家宝，也是"腾讯之道"。

"对于一家高速成长的公司，管理不到位的时候，关键是用文化来锁住那一条底线。"陈一丹说，"这也包括在处理问题时，是否能够从大局观出发来坚持正直、公正。"

陈一丹希望用大家庭的氛围来保持腾讯的凝聚力。而在惩治违法乱纪、贪污、私相授受时，陈一丹恪守最严格的红线。

腾讯还将其企业文化的一个关键词定义为"瑞雪"，以示纯净之意。在员工中，对于违背价值观的行为，就称之为"不瑞雪"。

2008 年 11 月 11 日，这一天是腾讯公司的"十周岁"生日。在这一天，腾讯公司全国各地的 5000 余名员工统一穿上文化衫，举办庆祝活动。与此同时，他们还做了一件事情，那就是参与发布《腾讯企业公民暨社会责任报告》。

在这份长达 170 页的企业社会责任报告中，腾讯将视角放在自主知识产权创新、推动互联网健康发展、创造社会价值、员工和用户关怀、社会公益事业等 5 个重要领域，详细记录了 10 年来腾讯面向社会、行业和用户所履行的社会责任，而且还首次向外界详细披露了腾讯在员工培养、文化建设、内部管理、信息安全保障等方面具有积极影响的企业经验。

这份报告分析并阐述了腾讯如何从一个年轻的互联网企业成长为一位优秀的"企业公民"，表达了马化腾及他的年轻同事们想要"打造具有社会责任的互联网企业"的职业理想。

这是一份长达170页的报告，也是一份用10年努力和10年实践、用行动和成绩完成的报告。有媒体评价认为，该报告的出炉标志着中国互联网正在从商业成熟逐步走向管理成熟。

Business Develop

文化是植根于企业内部的最根本的原动力，也是一个企业长久制胜的有力武器。其实，企业文化就是在回答一个问题：你的企业凭什么凝聚人心？这是企业管理的思想底线。

大道无形，企业文化是个看不见、摸不着的东西，但企业文化的好坏直接关系到员工的忠诚度，管理者必须明确一点。某种程度上说，你有几流的企业文化，你就有几流的追随者；你有几流的追随者，你就有几流的企业。

"星巴克"这个名字很多消费者都耳熟能详，自1992年在纳斯达克成功上市以来，其销售额平均每年增长20％以上，利润平均增长率则达到30％，连锁店达到一万多家，股价攀升了22倍，收益之高超过了通用电气、百事可乐、可口可乐、微软以及IBM等大型公司。

如今，星巴克公司已成为北美地区一流的精制咖啡的零售商、烘烤商及一流品牌的拥有者，它的扩张速度让《财富》、《福布斯》等世界顶级商业杂志津津乐道。

在一个没有喝咖啡传统的国度，卖咖啡的星巴克却遍地开花。朋友聊天去星巴克、亲友聚会去星巴克、商务谈判去星巴克，于是，早早地便有了那句"我不在星巴克，就在去往星巴克的路上"的具有小资情调的话。

然而，星巴克的咖啡就一定很好喝吗？答案可能是否定的，但星巴克始终吸引着人们慕名而来，并且成功地改变了无数人的饮品习惯，重塑了消费者的消费观念，更重要的是，深刻地影响了我们的文化触觉。

正如《星巴克：一切与咖啡无关》的作者、星巴克北美总裁霍华德·毕哈所说：星巴克的成功其实与咖啡无关，而在于星巴克"以人为本"的文化精髓。这一简单的理念在星巴克做得很到位。

"从本质上讲，我们都只是人。"霍华德·毕哈的这句话可谓一语道破天机。这位星巴克功勋卓著的副总裁说："没有人采购、运输、烘焙和准备咖啡，我们就不会有星巴克。星巴克的精髓在于：没有人，就不会有咖啡。"在管理星巴克时期，毕哈一手缔造并推行了星巴克"以人为本"的企业文化。

有人把星巴克形容为"一家有病毒般繁殖能力和宗教般信仰的公司，一家有灵魂的公司"。星巴克宗教般的信仰，就建立在对人与人之间关系的洞察和尊重上。

星巴克的核心文化表现在以下几个方面：

1. 可信赖的产品品质：坚持选用最好（相对于大众市场而言最好）的咖啡豆。

2. 高度的环保意识：采用更多的环保型设备和包装材料，大力倡导并严格要求能源的节约利用。

3. 对员工和咖啡种植者的人文关怀：向经济欠发达国家的咖啡种植者支付优厚的采购价格并提供种植者扶植基金；为员工提供最优越的健康福利计划，并大面积推行员工持股。

4. 和谐共处的社区精神：为顾客营造温馨、自由的消费环境，鼓励店面工作人员和顾客交流，让顾客无论是独处还是小聚都能怡然自得，润物细无声地把星巴克变为顾客住宅和工作地点之外的生活中必不可少的"第三地"。

星巴克的成功之处在于它在卖咖啡的同时还能输出文化、观念。比如，星巴克会有选择地参与一些温情、励志的电影和图书的推广发行，这些也为星巴克的品牌赋予更多的文化内涵，增加其独树一帜的文化品位。毫无疑问，星巴克之所以能风靡全球，是因为其背后有强大的品牌文化作支撑。

Tencent

第六章
打造优质产品没有捷径

好产品会说话，让所有团队成员和用户共同参与到产品创新中，随趋势潮流而变，时刻贴近千变万化的客户需求。

微信支付

体验空间　**体验 + 失败 + 修正 = 高质量**

产品
"上瘾性" 开发

> 我是腾讯最大的产品经理，任何
> 一个产品我都会去看。

《新京报》：你现在名片上已经是上市公司主席了，那平常你还管具体的事情吗？你去公司是不是就巡视一下，开开会签签字就行了？

马化腾：我是腾讯最大的产品经理，任何一个产品我都会去看。要不然怎么能知道一个产品或者服务到底好用不好用，怎么知道问题出在哪。

中国市场上这么多款 IM（即时通讯）产品，你不可能全部用过吧？我就差不多全部用过，它们哪些地方好，哪些地方有问题，我都得了解。

——马化腾接受《新京报》采访

延伸阅读

在创业早期，马化腾的名片上只是简单地印上"工程师"的称号。他称自己实际上是个产品工程师。只是至今，马化腾依旧保持着"产品经理"的心态，而且更加专注于技术和细节。

对工作严肃认真的马化腾，更愿意谈论自己每天使用的互联网产品，他爱给自己的产品挑错，一看到成品就知道写代码的人有没有偷懒。

2008 年春节前的某天凌晨 4 点，腾讯即将发布新的 QQ 版本，负责的技术主管还在加班。此时，他收到了他的老板、腾讯董事局主席马化腾的一大堆问题，从产品界面、用户体验至一些技术细节。马化腾问这位技术主管：

有没有进行用户调查，了解新版即时通信的这些问题是不是真需要改进？

一周后，这位技术主管坐到了马化腾的面前，他告诉马化腾，部分问题可修改，部分问题则不需要修改。因为，通过调查，产品原来的设计正是用户需要的。"这件事对我影响还蛮大的，你可以想象，凌晨，蓬头垢面的大老板，布满血丝的眼睛，敲几段意见给员工，那种洋溢的热情真的挺让人感动。"这位主管说。

对产品充满了敬畏，所以他才如此认真。当年QQ邮箱脱胎换骨，超越微软，马化腾功不可没。腾讯找出了400多个问题进行优化，其中300多个问题是马化腾发现和提出的。虽然360和腾讯打得不可开交，但周鸿祎多次赞扬腾讯的微创新，他内心应该是赞同和尊重马化腾做产品的"拼命三郎"精神的。

行业内公认马化腾是最好的产品经理，不是没有道理。互联网公司的管理者与其他行业是不一样的，必须亲身在最前线，体验用户的心理和真正需求，一切围绕产品，将产品的服务做到极致，所有管理和工作都要围绕产品和用户体验展开。

这提醒了很多刚进入互联网行业的公司管理者们，互联网是时刻在变化的，在管理中与其他传统行业有着巨大的区别，不能当甩手掌柜，也不能只关注公司内部的部门和员工，否则，最终的结果就是被抛弃、被淘汰。

Business Develop

产品经理虽然不是老板，却是企业守门员、品牌塑造者，更是营销骨干。产品经理的年薪一般在30～50万元左右，国内互联网行业产品经理年薪范围一般在60～80万元之间，70万元左右的偏多。

一个好的产品经理不但能引导产品的发展，而且能引导公司的发展。因此，产品经理也是一项有成就感的事业，是公司的"无冕之王"，行业内真正成功的产品经理往往能成就一个企业。

金山网络CEO傅盛是一名资深的产品经理，他认为，产品经理的要求很高，一般的技术人员很难做好，在很多公司，总经理才能做产品经理。因为，产品经理既要具有把握产品特点、分析市场方向的能力，又要善于沟通，能沉下心来做很多细致的工作，包括设计产品的细节问题。

做产品经理，首先要研究产品，了解市场，并能准确把握市场需求和用户心理，这样才能宏观掌控一个产品。在这个过程中，由于工作横跨开发、测试、运营、市场等多个环节，产品经理的沟通能力就显得至关重要。傅盛甚至认为，在产品设计工作中，80%的问题都是沟通问题。

关注细节问题也是一名优秀的产品经理必备的能力。傅盛以前曾经开发过很多MIS系统，还给国家各大部委开发过项目。在初任产品经理的那段时间，他总想做大事，对很多细节的小事总是提不起兴趣，比如，产品页面上的一个小按钮，他总是没有耐心去揣摩，这让他的工作开展得很不顺利。

另外，在傅盛看来，产品经理的心态也很重要。从心态角度来看，有两种人绝对做不了产品经理：一种是自以为是、独断专行的人，这种人很难听取别人的意见，也不懂得与人沟通；另外一种是犹豫不决、优柔寡断的人，这种人在关键问题上把握不住时机，无法很快地将产品向前推进。

因此，有意识地训练思考、分析、沟通问题的能力，以及培养良好的心态，是做好产品经理的入门课。只有在这些方面不断提高自己，才能真正做好产品经理。

用心
雕琢产品

开发人员要用心来思考产品，而不是公事公办的态度。

开发人员要用心来思考产品，而不是公事公办的态度。你要知道用户、同行会关注你的产品，在这种驱动下，开发人员要有责任心去主动完成。不能说等到产品都做好了，流水线一样送到面前再做。

40%～50%左右的产品，最终体验应是由开发人员决定的。产品人员不要嫉妒有些工作是开发人员设计的，只有这样才是团队共同参与的，否则出来的产品一定会慢半拍。

——马化腾在腾讯研发部主讲关于

"产品设计与用户体验"的内部讲座

延伸阅读

从一个技术宅男到腾讯CTO（首席技术官），从一个IT民工到坐拥20多亿美元财富的富豪，张志东演绎了"用心去做"的真谛。当年，张志东希望凭着对计算机的爱好，能够做一些给很多人用的东西。

在深圳大学，张志东和马化腾都属于计算机技术拔尖的一拨，但张志东是其中最拔尖的。即便放大到深圳整个计算机发烧友的圈子里，张志东也是其中的翘楚。

张志东基本上没什么特别的业余爱好，下象棋是他唯一的兴趣，工作上他则是一个不折不扣的工作狂。在黎明网络工作的时候，张志东就非常努力，加班到第二天凌晨两三点对他来说是很平常的事情。

QQ 的架构设计源于 1998 年，正是由张志东搭建的。如今十多年过去了，用户数量从以前设计时的数以十万计到现在的数以亿计，整个架构还适用，实在难能可贵，甚至可以说不可思议。

张志东思维活跃，沉迷于技术，一心希望可以通过技术来帮助别人改变生活。有一次，他去帮一个政府客户进行网络设置，当他将一切功能都架设完成后，发现对方仅仅使用了其中非常小的一部分功能，这对张志东是一个不小的触动。张志东第一次有了强烈的用户意识，这也使腾讯从一开始就对用户有了很强的吸引力。

Business Develop

什么叫用心？360 的周鸿祎说："优秀的产品经理心里都有一个大我，他不是对老板负责，而是对产品负责、对用户负责，他甚至会把这个产品看成他自己的孩子。比如说，如果你是一个设计师，除了美化、润色、做方案，是不是也要用心地了解这个产品是怎么回事？用户是什么样的人？用户为什么用这个产品？他在什么场景下用？这个产品给用户创造了什么价值？如果说一个技术工程师只满足于堆出一堆代码实现了一个产品功能，但根本没有想过自己在这个过程中通过积极参与可以让产品得到很多改善，或者对于自己认为不对的地方也不想提出反对意见，这样的技术工程师就不要抱怨自己是 IT 民工，因为，这样的思维方式就注定了他一定是一个 IT 民工。"

当接到腾讯的录用通知，还没有毕业的 Chloe 便抱着学习的心态，很早就来到上海分公司实习。她先后参与了企业 QQ1.0 的运营及 2.0 新版本的产品策划工作，后被调去做 QQ International 的新项目。

作为新人，她认真完成上级交给她的每一件小事。由于项目的原因，出差的机会很多，每一次又都不轻松。她曾有过 3 天拜访了 15 家互联网公司的经历。几乎每天都是一大早出发，晚上 11 点以后才回到酒店。出差固然辛苦，然而，她却将其当作是难得的历练，从实践中学习和成长。

2010 年企业 QQ2.0 发布的前两个月，原来的核心产品经理离职，她被立刻调回企业 QQ 项目组跟进这个项目。当时新版本从策划到上线已经进行了大半年，还有两个月就要上线了，大家都因为产品经理的离职而备感担忧，况且 Chloe 只是个刚刚毕业的应届生，之前只参与了新版本一半的产品策划。但是最终，这个初出茅庐的毕业生竟然扛下了这个重任，让所有人对其刮目相看。

实际上，之所以能在工作中游刃有余，是因为她对待工作百分百用心。定稿之前，需要看另一个产品经理写的需求有没有冲突和遗漏的地方，她就将每一份需求文档都打印出来，找个会议室，一份一份逐字查看，仔细阅读每个细节，查出每个问题。这种认真的态度使得她对整个版本的所有需求细节都了如指掌，带领整个团队顺利完成 2.0 新版本的发布工作。因为这期间表现出色，毕业半年的她就拿到了"优秀员工"的称号。

她坚持着这份理念，认真做每一个产品。即使有时因为项目不顺利而躲在会议室里失声痛哭，即使有时因为想法不一致和其他同事发生争执，她仍然渴望着做对社会有意义、能给更多人的梦想带来帮助的产品。

用心做事，使 Chloe 在工作中表现突出，也使她获得了应有的荣誉。

其实每个人
都是挑剔的用户

产品经理要把自己当作一个挑剔的用户。我们做产品的精力是有限的，交互内容很多，所以，要抓最常见的一块。

要把自己当作一个挑剔的用户。我们做产品的精力是有限的，交互内容很多，所以，要抓最常见的一块。流量、用量最大的地方都要考虑。规范到要让用户使用得舒服。要在感觉、触觉上都有琢磨，有困惑要想到去改善。如鼠标少移动、可快速点到等。

像邮箱的"返回"按钮放在哪儿，放右边还是左边，大家要多琢磨，怎么放更好，想好了再上线测试。对同一个用户发信，在此用户有多个邮箱的情况下如何默认选最近用的一个账号。这些需求都小，但你真正做出来了，用户就会说好，虽然他未必能说出好在哪里。

产品的使用要符合用户的习惯，如写邮件的时候拷贝东西，更多人习惯用键盘来操作。虽然有些技术难度，但也可以解决，交互，对鼠标反馈的灵敏性、便捷性。

在设计上我们应该坚持几点：

不强迫用户。如点亮图标，如 QQ mail，不为 1% 的需求骚扰 99% 的用户。

操作便利。如 QQ 音乐，新旧列表，两者都要兼顾到，如 QQ 影音的快捷播放，从圆形到方形，最后因为影响性能而放弃。

淡淡的美术，点到即止。如 QQ mail，QQ mail 在 UI 界面上的启发，不用太重也能做得很好。图案和简洁并不是一对矛盾体。

——马化腾在腾讯研发部主讲关于

"产品设计与用户体验"的内部讲座

延伸阅读

1999年，腾讯刚刚成立不久，当时天使投资人刘晓松决定向腾讯注资的主要原因就是他发现，"当时虽然他们的公司还很小，但已经有用户运营的理念"。

相对于其他公司的产品，很少有能像腾讯这样把用户体验上升到战略高度。腾讯对用户体验的研究极尽细腻，据说仅仅是关于研究用户卸载一款产品的过程，腾讯工程师就能做出30页的文字报告。腾讯甚至把各个产品线上的用户体验人员全部拎出来成立了一个公司级的部门——用户体验与研究部，从战略性的高度来建设，刚开始是十几个人，现在已有近百人的规模。

腾讯从开创至今，一直以用户价值为依归，前瞻布局，推陈出新。QQ自1999年推出后，在十几年中频繁推出新版本，增加新的服务和功能。

曾有网友发帖盘点了QQ登录界面在历年来每一个版本的变化：世界杯、奥运会、香港回归纪念版等，产品细节的微小变化在不经意间承载了一代QQ用户的时代记忆。在"QQ十二年：网友票选重大创新Top10"榜单上，排在前三位的创新分别为QQ2000C开启的多人聊天服务、聊天截屏和远程协助。

单单从产品的角度来说，将用户体验上升到如此程度是任何一家公司都无法比拟的。可以说，这是一家从"根"上就关注用户体验的公司。

"谁认真挖掘客户的潜在需要，认真研究相应的操作方案，并认真贯彻执行，谁就能最大限度地实现利润可持续增长。"一贯行事低调，技术出身的马化腾喜欢脚踏实地地研究QQ用户的潜在需要。

正是因为马化腾对产品设计、用户需求及用户体验的重视，以至于有了业内流传甚广的互联网产品设计"马化腾法则"：

1. 为产品订立优先级和先后次序。

2. 不强迫用户。不为 1% 的需求骚扰 99% 的用户。

3. 研发机制保证，产品换代要快，快速实现、快速响应。

4. 图案和简洁并不是一对矛盾体。

5. 要丰富自己的角色，做最挑剔的用户、笨用户。

6. 产品经理第一要关注产品的硬指标。

7. 技术核心能力非可复制性强，让极致核心能力产生口碑。

8. 在局部、细小之处的创新要永不满足。

马化腾认为，找到能给用户带来更多价值的细微需求点，才是足以成为获得用户口碑的战略点。如果"需求点"没有找好，结果只能是"用户过来——失望——公司花更多精力弥补"，这是得不偿失的。

Business Develop

德鲁克认为，企业本身打算生产些什么样的产品并不具有十分重要的意义——特别是对企业的未来和企业的成功来讲，并不能起到关键作用。顾客想要买的是什么，他认为有价值的是什么，这才是有决定意义的。

在腾讯智慧出版的《虚拟世界真实信赖 解读中国 1 ~ 4 线城市网民的网络使用行为及态度》一书中，通过调研对全体网民进行了人群细分，发现网民中存在 5 种不同类型的用户，对互联网有着明显差异化的个性需求。

交流依赖型：用户年龄相对较轻，主要分布在我国的四线城市即大部分地级市和经济发达的县级市，职业以学生、自由职业者和普通企业职员为主。网络对他们而言所起到的主要作用是交流沟通，满足情感联系的同时，也进一步了解世界、开阔视野，为自己的事业进步增加新机会。在生活价值观方面，他们具备充实自己和为梦想而努力的心态，并为此付诸行动。他们最经常使用的网络应用是即时通信工具。

社交依赖型：用户中居住于一线城市即北京、上海、广州、深圳等经济发达的城市，收入偏高的中层管理者。他们是大都市里典型的忙碌一族，面临着来自生活、工作等各方面的巨大压力，有强烈的好胜心，追求高品质的生活及大品牌带来的满足感。在繁忙的工作和生活之余，他们热衷于在社交网站和圈子内与朋友展开各种互动活动，如玩玩益智小游戏，看看朋友的转帖等，放松身心。

交易依赖型：25～34岁群体是主体。在职业上，处于中层管理者和专业人士的比例明显更多，收入水平相对较高。日常工作的忙碌让他们追求简单、便捷、足不出户即可实现一切的高效生活，生活态度务实而踏实；依赖品牌、注重体面和内在品质。这些人是典型的网购人群。由于具有高度的务实主义精神，他们对网购的方便性非常重视，网民口碑是他们作出购物决定的重要参考。

信息依赖型：一线城市用户在这类人群中比例较高，中年人居多，事业发展良好，多为中层管理者、专业人士和自由职业者。他们非常希望通过网络实现自我工作能力的提升，最常使用网络收发邮件、使用搜索引擎及阅读新闻资讯类内容。这类人希望通过网络这个窗口开阔视野，乐于通过网络解决现实生活里遇到的各类问题。

消遣依赖型：来自四线城市的用户比例相对较高，人群偏年轻。具有"娱乐至上"的生活态度，大部分时间都在网上度过，他们就是传说中的"网虫"。不甘于平淡的他们，喜欢在搞笑视频、网络游戏里寻找刺激和成就感。

显然，腾讯要通吃而且长久地通吃这五类人群的上网入口，全方位满足他们的需求。而这么牛的事，百度也想做，甚至360也想做。所以，互联网业在"开放"这个主题下的新一轮竞争正在拉开帷幕。

用户数列
10/100/1000

在研究用户需求上没有什么捷径可以走，不要以为自己可以想当然地猜测用户习惯。

产品研发中最容易犯的一个错误是：研发者往往对自己挖空心思创造出来的产品像对孩子一样珍惜、呵护，认为这是他的心血结晶。好的产品是有灵魂的，优美的设计、技术、运营都能体现背后的理念。

有时候开发者设计产品时总觉得越厉害越好，但好产品其实不需要所谓特别厉害的设计或者什么，因为，觉得自己特别厉害的人就会故意搞一些体现自己厉害但用户不需要的东西，那就是舍本逐末了。

腾讯也曾经在这上面走过弯路。现在很受好评的 QQ 邮箱，以前市场根本不认可，因为，对用户来说非常笨重难用。后来，我们只好对它进行回炉再造，从用户的使用习惯、需求去研究究竟什么样的功能是他们最需要的。在研究过程中，腾讯形成了一个"10/100/1000 法则"：产品经理每个月必须做 10 个用户调查，关注 100 个用户博客，收集反馈 1000 个用户体验。这个方法看起来有些笨，但很管用。

我想强调的是，比如，有些自认为定位于低端用户的产品，想都不想就滥用卡通头像和一些花哨的页面装饰，以为这样就是满足了用户需求；自认为定位于高端用户的产品，又喜欢自命清高。

其实，这些都是不尊重用户、不以用户为核心的体现。我相信用户群有客观差异，但没有所谓高低端之分。不管什么年龄和背景，所有人都喜欢清晰、简单、自然、好用的设计和产品，这是人对美最自然的感受和追求。

——马化腾在腾讯研发部主讲关于

"产品设计与用户体验"的内部讲座

延伸阅读

"用户反馈—改进—再反馈—再改进"的过程每一天都在各条产品线当中反复上演。不同于传统行业，互联网产品研发团队和用户感受的交互是非常快的，新的产品或功能甫一应用，用户如果不喜欢，马上就会"把你骂得狗血喷头"。

面对用户反馈回来的五花八门、千差万别的意见，产品和研发团队如何对其进行筛选？如何确定次序和节奏？张志东坦言："目前还没有完美的放之四海而皆准的标准，仍在探索之中。"

在具体操作中，每个产品团队都有自身的经验、风格和对用户的敏感度，反应机制也不尽相同。但从用户反馈的终端来倒推，好的产品团队往往具备多年的经验，并且对用户的需求变化非常敏感，和用户互动时非常用心。比如微信团队，之前是做 QQ 邮箱的，在进入微信这一手机应用之后，团队成员之前在用户体验方面的很多经验都有助于他们对新产品的用户需求的把握。

了解用户的真正需求，是一件困难复杂的事情，就像 1000 个人心中有 1000 个哈姆雷特的形象一样，除非我们走进用户的内心，才能很好地把握住用户的真实想法。下面谈谈"QQ 飞车"在提升用户价值方面的经验。

QQ 飞车团队一直以来奉行的开发运营策略中很重要的一条是：真正了解用户需求，保证用户的价值实现。在实际运营过程中，所有的团队成员都在积极地贯彻这一策略。随时保持与用户的沟通，这是最直接，也是最为有效的方法。

QQ飞车团队倾听和获取用户直接需求主要采用以下几种方式：

一是飞车论坛。这是目前互娱游戏产品论坛中唯一拥有"策划交流区"版块的论坛，策划团队成员会定期在该版块中收集玩家建议，作为后续版本开发和优化方向的重要参考。

二是QQ群。QQ群是一个很好的沟通工具，策划团队的每个成员以及主要的开发团队成员，每个人的QQ上都拥有超过100名以上的玩家好友，以及超过10个以上的飞车游戏相关QQ群。我们将此视为帮助飞车团队第一时间把握用户动向、洞悉用户需求的宝贵财富。

三是定期的用户调研。这是飞车团队的必修工作，每个版本发布后都会有版本满意度调研，对于将要上线的各类玩法和系统，我们会组织玩家进行多次CE和demo体验，由此了解用户对游戏的满意度以及需求变化。

四是QQ飞车团队实现7×24小时对数据的监控以及异常数据变化预警。团队的每个成员都保持对数据变化的高度敏感，在第一时间内对引发异常数据变化的根源进行紧急处理，是对数据趋势的进行分析。

由此，QQ飞车团队通过对产品开发和运营策略进行有效调整，QQ飞车在获得用户满意的同时，也得到了用户的肯定和认可。

Business Develop

"用户体验"这一术语指用户个体与产品进行交互时，用户获得的主观体验。我们经常会谈论某家餐厅的服务很好或电影院的环境很糟糕等，这就是一种用户体验。

人类社会正在逐渐走向"体验经济"的时代。IT产业的生命周期相对较短，人才、技术和产品的更新迅速。这种环境下，传统保持公司优势的做法是微软模式，即技术不断升级，或以IBM为代表的模式，即服务不断升级。

苹果采用的是客户体验升级模式，更简洁的设计、更友好的用户界面、更方便的使用场景、更为高雅的外观和更为舒适尊贵的持有感等——这些构成更好的用户体验。这种客户体验基于卓越设计的产品之上，包括企业与客户接触沟通的每一个触点触面上。

许多客户第一次走进苹果的店面时，最大的感受就是苹果店面的环境设计和其他 IT 电子产品的店面完全不同。在看上去朴实无华的桌架上，各种产品的展示、使用恰到好处。客户购买完毕走出店面时提的购物袋，也可以制造出一种独一无二的购物体验。

苹果并不是首家追求客户体验并取得成功的公司，耐克将运动鞋打造成为时尚产品，索尼曾将磁带播放器打造为 Walkman。与之相同的是，苹果公司当前也正处在"体验经济"迅速取代"产品经济"的转折点。从行业角度分析，由于技术的普及和竞争对手的不断增加，厂商的成本可压缩空间和利润空间都趋于零。

同时由于技术实现与需求的关系已经达到过饱和，在革命性的技术变革出现前，小规模技术改进对需求几乎没有任何刺激。这时，"产品与客户共鸣"、"制造让客户难忘的体验"成为新时代先发企业的制胜法宝。

在乔布斯眼里，最好的"用户体验设计"不仅仅是找准定位、产品自身的设计，他定下了几项基本原则：

1. 一定不要浪费用户的时间，例如，巨慢无比的启动程序，又如，让用户一次次地在超过 50 个内容的下拉框里选择。请珍惜用户的时间，减少用户鼠标移动的距离和点击次数，减少用户眼球转动满屏寻找的次数。

2. 一定不要想当然，不要打扰和强迫用户，不要为 1% 的需求骚扰 99% 的用户。

3. 一定不要提出"这些用户怎么会这样？"的怀疑，一定不要高估用户的智商。

4. 一定不要以为给用户提供越多的东西就越好，相反，重点多了就等于没有重点，有时候需要做减法。

5. 一定要明白你的产品面对的是什么样的用户群。

6. 一定要尝试去接触你的用户，了解他们的特征和行为习惯。

企业之所以能够生存，唯一的原因就是顾客乐意购买你的产品。这正应了那句话："你让顾客满意，顾客才会让你满意；你满足了顾客的需求，顾客自然也就满足了你的需求。"从这个意义上说，超一流的产品就是满足顾客的需求。

当然，用户的意见是零散的，如何改进产品需要一个更系统的反应方式。乔布斯谨记亨利·福特的名言："如果我当年去问顾客他们想要什么，他们肯定会告诉我'一匹更快的马'。"在研发产品的过程中，乔布斯习惯于反问自己，他和他的团队首先遇到的挑战是，如何做出一款让自己一见钟情的手机。

2008 年 2 月，乔布斯答《财富》记者问时说："我们只是在搞明白我们自己需要什么。而且我认为，我们已经建立了一套良好的思维体系，以确保其他人都会需要这个东西。"

不过乔布斯也指出，用户体验固然重要，但一件产品或者你所提供的核心功能或内容是根本。举个例子，谷歌的用户体验固然很好，搜索速度也很快，但中文搜索结果就不如百度。

用户体验不是一切，这句话对小型公司尤其有效。大公司一般有专门的设计部门，他们的追求是让产品做到极致，用户体验当然是重要的环节。而小公司的关注重点应该在产品的核心功能上，将产品的核心功能做到极致，这才是首要的。

灵活地
创造各种可能性

并非所有的系统冗余都是浪费,
不尝试失败就没有成功,不创造各种
可能性就难以获得现实性。

这里,我想跟大家分享一下我的思考。这些思考来自腾讯 14 年来的经验和教训,希望对大家能有所帮助。在腾讯内部的产品开发和运营过程中,有一个词一直被反复提及,那就是"灰度"。我很尊敬的企业家前辈任正非也曾经从这个角度进行了深入思考,并且写过《管理的灰度》。

他所提倡的灰度,主要是内部管理上的妥协和宽容。但是我想,在互联网时代,产品创新和企业管理的灰度更意味着时刻保持灵活性,时刻贴近千变万化的用户需求,并随趋势潮流而变。

那么,怎样找到最恰当的灰度,而不是在错误的道路上越跑越远?既能保持企业的正常有效运转,又让创新有一个灵活的环境;既让创新不被扼杀,又不会走进创新的死胡同。这就需要我们在快速变化中找到最合适的平衡点。

互联网是一个开放交融、瞬息万变的大生态,企业作为互联网生态里面的物种,需要像自然界的生物一样,各个方面都具有与生态系统汇接、和谐、共生的特性。从生态的角度观察思考,我把 14 年来腾讯的内在转变和经验得失总结为创造生物型组织的"灰度法则",这个法则具体包括 7 个维度,分别是:需求度、速度、灵活度、冗余度、开放协作度、创新度、进化度。

容忍失败，允许适度浪费，鼓励内部竞争内部试错，不尝试失败就没有成功。

仅仅做到这一点还不够。实际上，在产品研发过程中，我们还会有一个困惑：自己做的这个产品万一失败了怎么办？

我的经验是，在面对创新的问题上，要允许适度的浪费。怎么理解？就是在资源许可的前提下，即使有一两个团队同时研发一款产品也是可以接受的，只要你认为这个项目是你在战略上必须做的。

去年以来，很多人都看到了微信的成功，但大家不知道，其实在腾讯内部，先后有几个团队都在同时研发基于手机的通讯软件，每个团队的设计理念和实现方式都不一样，最后微信受到更多用户的青睐。你能说这是资源的浪费吗？我认为不是，没有竞争就意味着创新的死亡。

即使最后有的团队在竞争中失败，但它依然是激发成功者灵感的源泉，可以把它理解为"内部试错"。并非所有的系统冗余都是浪费，不尝试失败就没有成功，不创造各种可能性就难以获得现实性。

——摘自《马化腾致信合作伙伴：灰色法则的七个维度》

延伸阅读

马化腾也在思考腾讯是否会被颠覆。马化腾说，要颠覆的一定不是现在大家所看到的同一个产业，这个产业重兵把守，很难完全从同一个路径上挑战，甚至也没有必要。但我们会从大家不注意的地方，换一角度解决用户需求，利用科技创新，利用终端变化，也可能有硬件结合，或跟传统某一个领域结合。

"大家可能老是在环视周围的人，他们不是你真正的竞争对手，也不是你应该特别担心的，我们更多应该往前看，抛开竞争的话题，想想未来的产业趋势是什么，把一个创业公司的压力先放下，不要有包袱。不能像柯达先发明的数码相机，应该鼓励自我革命，甚至是内部竞争。如果有一个新应用将来能够替代QQ，马化腾希望这个新应用出自腾讯，而不是百度或者360。"

在微信之前，先后有几个团队基于不同的设计理念和实现方式在研发手机通信软件。这是腾讯研发团队常见的情况。马化腾说:"在创新面前,我们要允许适度的浪费,因为没有竞争就意味着创新的死亡。"

某些领域在早期探索阶段,存在不同路径和演进方向,需要同时有两三个团队推进。公司机制上允许这样的"浪费",因为通过这样的内部试错,能增加成功的可能性。当研发进行到一定阶段,路径更为清晰后,团队之间也会进行调整和合并。

2013 年 1 月,腾讯发布声明,升级移动互联网战略,旗下移动互联网事业群(MIG)将聚焦于移动互联网基础平台,承担起移动互联网的底层安全责任,以便更好地拥抱移动互联网发展趋势,探索和孵化更多新业务。

对于这次声明,主要是看腾讯在移动互联网业务方面做得怎么样,未来会怎么样,这次调整对公司的价值是提升还是削弱。

媒体人普遍认为,腾讯的这次调整是明智的,对公司整体是有帮助的,有助于整个公司更好地拥抱移动互联网。

腾讯的无线部门成立于七八年前,当时距离移动互联网还有点远,让每个 PC 端的部门单独去做移动互联网,不一定有积极性,而且人才也不够,集中到一个部门,在移动互联网做整体规划、做探路先锋,是更优的选择。

在这个背景下,腾讯的无线部门做了手机 QQ、手机游戏、QQ 音乐安卓版、腾讯移动新闻、手机浏览器、手机管家、街景地图等产品。

但近两年,移动互联网与 PC 互联网的关系发生了本质的变化。过去,移动互联网只被看作是 PC 互联网的延伸,而现在,移动互联网的迅猛发展让大家认识到它其实是对 PC 互联网的颠覆,其重要性陡然增加。

此时,再让无线部门做所有的移动端产品,就不是最优选择了。一则精力分散,无法集中力量做精品,二则易与其他部门起矛盾,三则 PC 产品与移动产品人为割裂,非常不利于公司的发展。

腾讯无线部门应该把一部分产品分出去。以 QQ 音乐为例,这是腾讯的一个拳头产品,用户已经超过 1 个亿。但原来,QQ 音乐只负责 iPhone 版,而安卓版则放在腾讯无线部门,这个格局已经不利于这个产品的发展,两者应该整合到一起。

再比如，腾讯新闻客户端原来也放在无线上，与新闻部门割裂。新闻部门更懂内容，划归新闻部门，更加顺理成章，能让新闻做得更好。

这一系列的调整和变革是十分合理和必要的，表明腾讯正在做资源优化配置的工作，表明腾讯有能力不断自我否定与创新。

Business Develop

美国商界流传着这样一句话：一个人如果从未破产过，那他只是个小人物；如果破产过一次，他很可能是个失败者；如果破产过三次，那他就完全有可能无往而不胜。

失败的经历是一个人非常宝贵的财富，因为，它为你积累了丰富的经验。失败，只表示你在支付学费，你在学习不败之法。或者说，失败在郑重地提醒你改换行为方式，或告诉你"此路不通，另寻他径"，通过新的选择，开辟新的成功之路。

如果失败之后不能将自己的经验升华，使它在我们的生命中具有新的价值，这才是最危险的。

2003 年，随着一款名为《凯旋》的网游公测，腾讯正式进入网游市场。一切的结合看起来都那么完美：韩国科学院顶级技术力量，次时代的全 3D 引擎，韩国、中国台湾市场前期的成功，中国网游市场日趋成熟，结合腾讯的用户优势、运营能力、用户理解……可最终，当初腾讯抱有很大期望的这款游戏无疾而终。

"之后我们进行反思，当初选择游戏的时候，最重视游戏画面、体验，这是典型的产品型视角，"腾讯互动娱乐事业群副总裁程武说，"可是游戏门槛比较高，难以上手，甚至中国很多网吧电脑的显卡都不支持。做这款游戏并没有真正从中国本土的实际情况和用户需求出发。"

这个教训促成了腾讯之后做游戏最重要的几条准则。腾讯气质里让人抱有敬意和惧意的"耐心"在其后几年里被证明，《凯旋》的技术积累、创意积累和人才的积累被保留了下来，而什么才是真正的用户需求，成为之后腾讯互动娱乐团队持续思考的问题。

打磨产品，
快速向完美进军

> 在互联网时代，谁也不比谁傻 5
> 秒钟。

有些人一上来就把摊子铺得很大、恨不得面面俱到地布好局；

有些人习惯于追求完美，总要把产品反复打磨得自认为尽善尽美才推出来；有些人心里很清楚创新的重要性，但又担心失败，或者造成资源的浪费……

这些做法在实践中通常没有太好的结果，因为，市场从来不是一个耐心的等待者。在市场竞争中，一个好的产品往往是从不完美开始的。同时，千万不要以为，先进入市场就可以安枕无忧。我相信，在互联网时代，谁也不比谁傻 5 秒钟。你的对手会很快醒过来，很快赶上来。他们甚至会比你做得更好，你的安全边界随时有可能被他们突破。

我的建议就是"小步快跑，快速迭代"。也许每一次产品的更新都不是完美的，但是，如果坚持每天发现、修正一两个小问题，不用很长时间就能把产品打磨出来，自己也就很有产品感觉了。

所以，这里讲创新的灰度，首先就是要为了实现单点突破允许不完美，但要快速向完美逼近。

——摘自马化腾《致合作伙伴的一封信：

何谓腾讯 14 年磨出的"灰色维度"》

延伸阅读

10 年前，传统 IT 企业如金山或金蝶，其软件开发常以年为单位。年初由产品经理写好一份大需求，各方评估完后启动项目。设计、开发各做几个月后进行提测，之后缓慢迭代。

而互联网企业的生产，则是完全不同的一番景象：一个月一个版本！1～2 周的时间做界面设计，并且大部分进度是与开发重合的。产品经理（如果有的话）根据用户反馈和竞争对手的情况做需求，界面设计和开发同步进行，测试时间更短。

相较之下，一个月一个版本，更能抓住用户需求的变化，有更大机会在不断开火中瞄准，也有更多机会尝试创新。没有所谓一步到位的划时代的创新，任何一个创新都是建立在已经存在的事物上而渐进发生。

QQ 截图功能就是这样演进的。首先提出的问题是，既然 QQ 已具备传送图片的功能，为什么不做个截图功能，作为图片来源直接发送给好友呢？

第一个版本的截图只是简单的截屏，发送给好友。在之后的版本中，渐进地在截图功能中加入了标记、文字说明等功能。现在，截图这个看似和即时通讯软件不相关的功能，已成了 QQ 的重要特性之一，甚至是某些用户坚持登录 QQ 的基本动力。

在腾讯，渐进式创新的案例数不胜数，维持快速迭代的渐进式创新，是腾讯产品持续成功的重要因素之一。

Business Develop

"要死也要死得快，早死早超生！"这是雷军做投资时常说的话。他投资的第一个互联网企业是乐讯，经一个朋友介绍，雷军认识其掌舵人朱建武。

在了解到朱建武的企业现在面临经营困难，亟需资金这一情况之后，雷军说："移动互联网是未来的发展趋势，你们做得不错，我可以考虑投资，但是不会一次性投很多钱。"

接着，他又跟朱建武解释说："我先投你 200 万元人民币，如果这个方向做不下去了——我是说如果，我继续投资你 200 万元。原因很简单，因为，我不可能一直看着你，创业失败是很正常的事情。第一次试，方向不合适，没有关系，早死早超生，我们接着来。我一次性给你 2000 万元人民币，想死也死不掉，但是 200 万元要死要活 6 个月就见分晓，分晓完了从头再来。天下武功，唯快不破，要死也要死得快！"

在雷军看来，"快"就是互联网创业的利器。一旦速度跟不上，就会面临解决不完的问题。在刚刚开始做小米手机的时候，雷军对于小米发展速度的设想还是很保守的，但是，后来有一件事让他改变了这个想法。

Zynga 是一家发展非常快的互联网公司。从 2007 年 6 月马克·平卡斯等 6 人创办以来，仅仅一年多的时间，这家公司的月度活跃用户就已经超过 2 亿。在 2011 年年末上市时，这家公司的市值已经达到 60 亿美元，而同样的社交网站 Facebook 则足足用了 5 年时间才突破月度活跃用户 2 亿的数字。显然，Zynga 走过的路要比 Facebook 平坦很多。

互联网是一个快速发展的行业，每天都有新的事物产生，用户需求变化非常快，竞争也很激烈，一旦速度跟不上，就会被淘汰。另外，企业在快速发展的时候，风险往往是最小的，也会掩盖很多问题。

于是，雷军决定加快小米的发展步伐，试图将开发周期控制在 3 ～ 6 个月，快速的开发容易跟上整个市场的节奏，从而能够节约成本。

为了让小米手机迅速占领市场，雷军在小米的定价上下了很大的决心，一锤定音：1999 元面市，用最高的配置和最低的价格造成巨大的反差，快速打动消费者，赢得一定的市场份额。听到反对的声音，雷军说："产品一出就要能秒杀对手，这样才有意义！从来没有人看到小李飞刀是怎么飞出去的，因为见到的人都死了！"只有在获得一定的用户之后，整个互联网商业模式才能运转。雷军知道，能不能打赢这一战，速度是关键。

在产品试用过程中，小米团队始终坚持在第一线和"米粉"交流，以最快的速度获取新的建议，尽快进行改进。雷军觉得，传统行业是 5×8，互联网是 7×24。互联网行业和其他行业不一样，所有的人都是 24 小时的，要在最快的时间里解决好问题。于是，在 MIUI 的开发过程中，小米团队一直紧盯着论坛看有没有新的建议或者问题反馈。这个过程一般要花掉两天时间，接待 100 多位用户，接着，再花两天时间开发，两天时间测试，争取在周末将新的成果发布出来。这样一来，MIUI 一直可以坚持每周迭代。

随着小米手机的渐渐走红，一系列配套产品也相继推出。最有意思的要数"米兔"——一款戴着雷锋帽、系着红领巾的很可爱的玩具。这款产品在小米网站属于最畅销的产品之一。

这个产品其实也是雷军"快"理念的一个体现。雷军开玩笑地说："它叫雷锋兔。你们知道为什么这么叫吗？因为，它是雷军做的手机品牌。那为什么叫兔子呢？因为天下武功，唯快不破，我们强调快，兔子是跑得最快的。"

一言以蔽之，精简流程，能够促进企业不断向上发展；优化效率，才能稳中求胜，始终保持竞争优势。

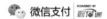

第七章
马氏大道，微力无边

企业价值观会使企业和员工向着共同的目标、共同的方向，企业高度发展、走向成功的未来去努力。

信仰圣地　**规则 + 方向 + 信仰 = 价值观**

对于善意
的批评一定接纳、改正

学会倾听、接受批评，是人生中
的重要功课。

此时此刻，我想跟大家分享两个观点：首先，打造开放平台是一
项前所未有的事业，在摸着石头过河的过程中不可避免会犯错误、走
弯路，会遭受很多指责、批评。

其次，我们有没有做好这样的准备？面对这些，我们是辩驳还是
熟视无睹？我希望腾讯所有人都能记住：学会倾听、接受批评，是人
生中的重要功课。我们的原则是：只要是善意的批评，一定虚心接纳
坚决改正。既然腾讯要打造一个开放共赢的互联网新生态，我们就要
在面对批评时拥有更加坦荡的胸襟。

我们能否在谨慎前行的基础上把步伐迈得更大一些，带领行业探
索更多的技术趋势和商业未来？是接下来需要以实践来探讨的命题。

——摘自《马化腾致全体员工的一封信》

延伸阅读

2010年11月3日，腾讯宣布QQ与360（360公司，简称360）不兼容，
原因是360的扣扣保镖威胁到腾讯QQ用户的安全。360随即发出几封致用户信，
认为腾讯利用垄断优势打压竞争对手。这场不兼容之战持续几日，业界震惊。
虽然腾讯公司坚信，"不兼容"是不得已而为之，但是并没有获得业界和公众
的理解和同情。

"诊断腾讯"最早从 2011 年 2 月底开始举办,历时一个多月,共有 10 场。请人"批斗"自己在业内并不多见,而在这 10 场可以称得上"批斗大会"的研讨会上,一向低调的腾讯高管悉数出场接受各行业专家的挑刺和建议。

研讨会上,许多专家的批评非常直白,不过,在腾讯创始人兼首席执行官马化腾、腾讯总裁刘炽平、首席技术官张志东、首席行政官陈一丹等高管眼中,这些犀利的言辞更多的是业界对其的鞭策。

"我在网上被骂的机会很多,往往在微博上我说一句话很多人都会骂,所以,心理承受能力超过大家的想象,12 年都是这样过来的。我希望各位专家不要给我留情面,提出严厉批评。"在"诊断腾讯"的第九场研讨会上,马化腾向与会嘉宾发出了"让批评来得更猛烈一些"的邀请。

"我记了满满 3 页纸,还是双面的,手都记酸了。"对于各位专家的建议,马化腾表示从中学到了很多,"但这些不是我个人明白就可以了,还有我们高管层、公司关键岗位的一些领导员工都要明白,最难的是推动。"

腾讯总裁刘炽平表示,一场场诊断会过来,腾讯就像照了一个 X 光,也提醒我们要从各个方面去重新认识自己。腾讯高层都表示要把这些宝贵意见带回腾讯去,不只是内部进行交流,而是要真正穿透式地把这些意见下发、执行。

Business Develop

史玉柱曾给巨人公司立规:下级说上级好话,当场罚 500 元,但上级不在场时不罚。据了解,公司中被罚过的垧子有十几起。史玉柱的逻辑是,爱听好话是人的天性,但需克制,爱听下级奉承的领导,情商一定低,听下级批评如同吃补药,听下级奉承如同吃砒霜。人人网的 CEO 陈一舟骨子里十分认同这个观点,因为,人人公司长期以来就一直推行"极端真实主义"。

如果我们能够给企业构建真实主义的文化基因,那企业将会焕发的活力和迸发的生产力将不可估量。

有一次,人人公司华北销售总经理曹淼和几个同事一起向陈一舟提一个很尖锐的意见，讲之前大家都有些忐忑，但问题提出后，陈一舟不仅没有发怒，还感慨"在互联网公司，我们能有这样敢说真话的团队是能够不断快速发展的基石"。相较以往的履职，曹淼感觉，人人公司是非常鼓励大家做批评的。

陈一舟之所以拿自己和高管"开刀"，有他的一番道理。他觉得，领导者个人的认知总有偏差，一旦有偏差，行动就不能完全按正确的方向改变世界，所以要不断进步，就要不断修正对自己、世界的看法。对他来说，面子并不重要，重要的是把事情做成、进步得更快。

诚然，人的本性是不愿意承认错误的，尤其是在公开场合。陈一舟听到别人批评时也会不高兴，但往往这时他会克制自己，并且心里对自己说，不论对错与否，别人敢说话对自己就有好处，只有这样才能鼓励大家提意见。"大家偶尔也会提错误的意见，如果你马上把他打倒，那很多正确的意见以后也不提了，那你不亏了吗？所以，不管成熟不成熟的意见，我都听着，让提意见的人感觉很好。而且不管采不采取行动，我都会告诉他，让意见有个结果。大家感觉我的反馈是正向的，这样提意见的人就会越来越多，你的进步也会越来越快。"

事实上，文化和谐、员工活跃、绩效显著的创新型企业往往有一个共通之处，CEO善于主动深入群众，积极听取意见，这是企业高管可贵的品质之一。陈一舟一面自己这样坚持，一面也告诫担心没面子、日后不好管理员工的公司管理者：如果连这都怕，那最可怕的事就会发生——你不会进步了。

具体来说，不论是企业还是个人，面对批评都应该有正确的态度和方式：

一是要虚心地接受正确的批评。凡是正确的批评，都应虚心接受。批评能指出我们的不足、缺点、错误及其原因，还能指出我们的努力方向，获得相关的信息与帮助。有时，我们是"不识庐山真面目，只缘身在此山中"，对自己的不足、缺点、错误懵然无知、浑然不晓，或不想让人知、让人晓，长此以往，我们就会永远落后，不断出错，这既妨碍自己的正常成长，也不利于组织事业的发展。只有虚心接受批评，我们才能不断改进自己、成长自己、发展自己。

二是要冷静地对待不当批评。当遇到他人或组织的不当批评时，我们要冷静，不要急躁，更不要急于辩解。每个人都会因为囿于所见而犯错误，批评者也可能批评错了。如果听到不当批评就急急辩解或驳斥，就会阻塞言路、不利对话沟通，也会激发冲突、影响团结，还会不利于通过接受批评而不断学习提高。听到不当批评时，如果先冷静待之，继而慎重考虑，然后予以合适与善意的解释，就可能达到有效对话沟通、相互帮助、有则改之、无则加勉的正效果。

三是要诚心地接受刺耳的批评。有时，批评者本来是好意、善心，但批评时缺乏艺术性，没有采用合适的方式方法，我们听起来可能感到刺耳、不舒服。这时，我们就更应该诚心诚意地表示我们接受批评的心态，甚至应该感谢批评的尖锐与"无情"。因为，"良药苦口利于病，忠言逆耳利于行"。要认识到，只有真心关心自己进步的人才会言辞激烈；而与之相反的人往往会对我们的不足与错误视而不见、听而不闻。所以，我们应该感谢批评！

四是要有接受批评改正错误的行动。如果我们只是当面、表面唯唯诺诺地接受批评，而过后则抛诸脑后，不思悔改，或是虚与委蛇、不置可否地听任批评，那么，我们就是虚假、虚伪的人，是缺乏诚实守信之德的人，就是孤家寡人，就难以立身处世、成事立业。虚心、冷静、诚心接受批评后，我们要用行动来证明自己是敢于承认错误、乐于改正错误、善于学习进步的人。

受到表扬蹦蹦跳，受到批评双脚跳。这不是正确对待批评的态度。我们要坚持正确的批评与自我批评的工作作风，在批评与自我批评的有效对话中，才能不断成长与提高。

要学会说
"试试看"或"我尽力"

在腾讯，不允许说什么事情在技术上做不到。

马化腾：请在页面上加锚标功能。

员工：在技术上不可能实现。

马化腾：你说什么？

员工：抱歉，我们去想办法。

马化腾：在腾讯，不允许说什么事情在技术上做不到。

——摘自马化腾回复员工的邮件

在腾讯，不允许说什么事在技术上做不到。

——马化腾回复员工邮件的一句话

延伸阅读

马化腾经常会直接回复普通员工的邮件，在和马化腾邮件往来的过程中，有一件事给某员工留下深刻的印象。

一次，马化腾要求页面上加某种锚标功能，当用户对页面特定区域进行复杂操作之后，页面能够返回到原来触发动作的位置，免得从头再翻。

该员工询问了技术人员，技术人员的回答是：这根本实现不了。于是，该员工回复邮件告诉他说：在技术上不可能实现。

大约两分钟之后，他回复了：你说什么？

该员工突然意识到自己说错话了，只能回信道歉：抱歉，我们去想办法。

他过了一阵子回复了一封长信：第一段里告诫这位员工，在腾讯，不允许说什么事情在技术上做不到。然后，他在信中列举了三四个部门里的 HTML 高手，列出他们的名字和 GM 姓名，要求直接去联络他们，请求他们给予技术上的支持。

有人描述过腾讯作出决策的一个典型过程：从凌晨 4 点马化腾发出邮件开始，历经总裁、副总裁、总经理、产品经理等几个级别的讨论，到下午 3 点就可以给出项目的具体排期，总共只用了 18 个小时。如果在技术上遇到难题，那么，马化腾会从全公司搜罗技术高手，给予技术支持，同时从不同系统的层面来说也有很多资源可供调用。

腾讯的产品线上有 1700 多个产品，马化腾关注其中的相当数量。员工和他写信讨论产品问题非常愉快，基本上就是一个 PM 和另一个 PM 之间的切磋。如果他被一个想法触动，便会立即把邮件升级，拖一堆 VP、GM 进来，推动事情前进。

作为 CEO，他的意见给人带来的压力很大。但是，如果和他据理力争，坚守底线不放，他也能做出退让，让员工放手去做。而且，一旦召开某种产品的讨论会，只要他参加，会议上基本上没有废话，从他的发言中可以发现他很敏锐地抓住了产品的要点，在理解上和你相差无几。

所以，腾讯不存在"汇报"一说，会议不是用来教育 Pony 的，不需要向他普及常识。他早已经准备好了，只等着与大家直接进行讨论和 PK。

Business Develop

几千年以前，我们的先人指着月亮说："那是嫦娥居住的地方，我们凡人是不能上去的。"几千年后的今天，人类成功登陆月球已成历史。

世界上永远都不存在"不可能"的事情。正如泰戈尔所说："世界上最遥远的距离，不是生与死，而是用冷漠的心对爱你的人，掘了一条无法跨越的沟渠。""不可能"三个字，也正是我们对目标掘下的沟渠。"不可能"的事情看起来似乎非常可怕，但只要你努力去跨越，你就会发现原来的天堑只不过是一条小土沟而已。请记住一句话：一切皆有可能。

处于扩张时期的企业，总会遇到各种各样的问题，此时，领导者不能问"为什么做不到"，而是"怎么样才能做到"。如果一直对自己传递"做不到"的信息，就越来越没有动力，最终会感到绝望而自动放弃。

只有相信自己，相信团队，才能把压力化作动力，最终成就别人认为不可能的事情，生产出独一无二的产品。同时，领导者也不能疏远那些会解释"为什么做不到"的下属，如果公司里没人回答这个问题，公司就会在带"病"的状态下发展，导致问题越滚越大。

作为员工，面对领导的问题，不要轻易说"做不到"、"不可能"、"没办法"，而是要学会说"试试看"或"我尽力"，不要轻易地否定自己，职场工作充满不确定性，一切都是有可能的。

"时刻做好准备"的忧患意识

我们的忧患意识比较强，经验告诉我们，要时刻"做好准备"。

《经济观察报》：在经济减速期，对于不同行业、不同规模的企业而言，可能应对的策略不一样。有没有一些基本准则，可资各种各样的企业共同参考。

马化腾：我们的忧患意识比较强，经验告诉我们，要时刻"做好准备"。

我的看法是，有机会要抓住，但是在抓住机会作决策的时候一定要想清楚，我感觉到很多人没有想清楚，觉得差不多就去了，这是一种赌博的心态，很危险。

——摘自马化腾接受《经济观察报》采访

延伸阅读

"12 年来，我最深刻的体会是，腾讯从来没有哪一天可以高枕无忧，每一个时刻都可能是最危险的时刻。12 年来，我们每天都如履薄冰，始终担心某个疏漏随时会给我们致命一击，始终担心用户会抛弃我们。"腾讯创始人马化腾每天都在焦虑中度过。

"2000 年网络泡沫破裂之前，融资是一轮一轮的，大都想着赶紧花完再去融资，当时我就不是这样想的。做公司就要对股东、投资者负责任。"

2001 年腾讯已经实现了盈利，"那个时候花 200 万赚 100 万，花 220 万赚 180 万，再花 230 万赚 230 万。那几个月是这样过来的。MIH 不进来，我也没有资金压力。资金很重要，但基础还是要把东西做好。"后来，正是这些资金让腾讯安然度过了全球互联网行业的首个泡沫危机。

2003 年，MSN 开始进入中国，网络游戏也开始盛行，"腾讯面临的是等死还是找死的局面，我们要涉足其他领域，靠网游、门户等非 IM 服务来粘住网民，让我们跟 MSN 有差异化。事实证明我们的转变是成功的。同样，进军搜索引擎市场以及电子商务市场也是由于感受到了危机才介入的。"马化腾回忆称。

马化腾说，2002 ~ 2003 年我们感觉不对了，网吧里网游越来越多，宽带也开始了。很多 QQ 是挂在网游边上，我们就感觉有危机感了，MSN 的势头开始起来了，我们危机感很强。

腾讯是一家以危机为导向管理的企业，小马哥说："腾讯一直感到很大压力，不是等别人革你的命，就是自己革自己的命。"

Business Develop

在管理学中有一个很知名的管理故事，叫作"青蛙效应"，"青蛙效应"源自 19 世纪末美国康奈尔大学曾进行过的一次著名的"青蛙试验"：

他们将一只青蛙放在煮沸的大锅里，青蛙触电般地立即跳了出去。后来，人们又把它放入一个装满凉水的大锅，任其自由游动，然后用小火慢慢加热。青蛙虽然可以感觉到外界温度的变化，却因惰性而没有立即往外跳，直到后来热度难忍却已失去逃生能力而被煮熟。科学家经过分析认为，这只青蛙第一次之所以能"逃离险境"，是因为它受到沸水的剧烈刺激，于是使出全部的力量跳了出来，第二次由于没有明显感觉到刺激，这只青蛙便放松了警惕，没有了危机意识，当它感觉到危机时，已经没有能力从水里逃出来了。

"青蛙效应"告诉我们，企业竞争环境的改变大多是渐热式的，如果管理者与员工对环境之变化没有疼痛的感觉，最后就会像这只青蛙一样，被煮熟。同样，一个企业如果只满足于眼前的既得利益，一味地沉溺于过去的胜利和现在的繁荣之中，而没有忧患意识，对危机的逐渐形成麻木不仁，最后肯定会像青蛙一般在安逸中死去。

微软的总裁比尔·盖茨有一句名言："微软离破产永远只有 18 个月。"企业要避免"温水煮蛙"现象，首先要求其最高管理层具备危机意识，企业才不致在战略上迷失方向，避免滑入危机的泥潭之中。

危机管理并非企业最高管理层或某些职能部门，如安全部门、公关部门的事情，而应成为每个职能部门和每位员工共同关注的课题。在最高管理层具备危机意识的基础上，企业要善于将这种危机意识向所有的员工灌输，使每位员工都具备居安思危的思想，提高员工对危机的警惕性，使危机管理能够落实到每位员工的实际行动中，做到防微杜渐、临危不乱。

20世纪90年代初，波音公司产量大幅下降，为走出经营低谷，波音公司摄制了一部虚拟的电视新闻片：在一个天色灰暗的日子，众多工人垂头丧气地拖着沉重的脚步，鱼贯而出，离开了工作多年的飞机制造厂。厂房上面挂着一块"厂房出售"的牌子。扩音器传来："今天是波音时代的终结，波音飞机公司关闭了最后的一个车间……"画面反复播放。

这则企业倒闭的电视新闻使员工们强烈地意识到，市场竞争残酷无情，市场经济的大潮随时都会吞噬掉企业，只有不断进取、创新、拼搏，企业才能在经济大潮中乘风破浪，在竞争中立于不败之地。否则，虚幻的模拟倒闭就会成为企业无法避免的事实。

这一充满忧患意识的片子播出后，波音公司的员工们每个人都充满了危机感而变得更加努力工作，企业也不断创新，员工由此激发出忧患意识和不懈奋斗的精神，终于使企业迎来了大发展，最后，波音一跃成为世界上最大的飞机制造商。

同样，中国最著名的民营企业华为的总裁任正非在华为大发展时期却写出了著名的《华为的冬天》一文，用忧虑的口气来告诫他的员工，华为可能马上要进入冬天，以此来增加企业和员工的忧患意识。正是任正非的居安思危的管理理念，才使华为度过了一个又一个艰难险阻，成了真正国际化的通信供应商。

无论是一个人、一个企业，还是一个国家，都必须居安思危，必须要有忧患意识。在企业强盛时，其实危机早已潜伏在企业的日常经营管理之中，只是许多管理者麻痹大意，缺乏危机意识，才无法看清。

经过改革开放30多年，中国许多企业发展得很强大，但是在强大中，我们必须具备忧患意识和危机感，如果我们的企业在强大时盲目乐观，丧失了超越自己、超越过去的动力，那么，就会像温水里的青蛙一样被慢慢烫死。这一点中国企业家一定要注意。

抛砖
引玉，集体决策

腾讯的决策，基本上都是集体决策，不是靠一个人。

《21世纪》：您刚才提到的像游戏这样的业务，实际上它有一个很大的决策风险，像腾讯这么大的一家互联网公司，具体的决策流程是怎样的？怎么能够保证你这个决策成功概率的最大化？

马化腾：当然有了，但是也不能完全拘泥于流程，因为很多太新的东西，我们内部都没有做好准备。

其实更多是要靠沟通。因为腾讯的决策，基本上都是集体决策，不是靠一个人，我想做，不管下面理解不理解，同意不同意就这么硬推，从来不是这个风格。都是比较温和一点，大家都明白要做什么，最后一起来决定做这个事情。这样大家才有投入感、参与度，每个人都有自己的贡献。

所以说，我通常都是第一个提想法。然后可能大家平时有一个思路，有一些想法。更多的建议是从下面提建议上来的，然后我们收到这样的信息之后，大家会互相沟通一下，是不是可行？然后再一点一点地不断去沟通，大概估量一下这个成本怎么样？人才的结构怎么样？有没有合适的人？大概管理层的精力够不够？这些都会去作充分考虑的。

因为，如果每一件事过来，都是说看起来可行性OK，就往前做；这还不够，还要考虑到有没有其他的机会互相平衡一下，因为，精力是有限的，不是说去投资就行了，还会占用管理层的日常时间，这个是我们最重要的考量。但是肯定要通过很多次的会议，内部去规范流程。

——摘自《马化腾：如何从"较好"到"最好"》

延伸阅读

马化腾是个崇尚共享、自由精神的人，不会单纯强调"我"的价值，他知道团队的意义。

1998年公司成立的时候，马化腾就要求自己对公司有控股权，从而可以实现在组织上的主导作用。腾讯创立的时候有5位创始人，被称为"五虎将"。除马化腾与张志东外，许晨晔、陈一丹分别担任首席信息官与首席行政官，另外一位创始人曾李青现已离开腾讯，进入投资领域。

创业之初，腾讯的组织结构主要分4块，除马化腾外，其他4个创始人每人单独管一块——张志东管研发；曾李青管市场和运营（主要和电信运营商合作）；陈一丹管行政、人力资源和内部审计；许晨晔则管对外的一些职能部门，比如信息部、公关部等。

马化腾虽然一股独大，但并不绝对控股，这使腾讯的创始人团队从一开始就形成了民主决策的氛围。后来，当腾讯公司发展到数千人的规模时，这种民主决策的风格被保留了下来。

如此设计，使创始人团队能在维持张力的同时保持和谐。没有人能够独断，保证了意见不合、讨论，甚至互相泼冷水的空间，但彼此多年同学，不好意思一不合就撕破脸不认人；被逼着去说服别人，就需要把问题想得更清楚。彼此定位不同，就从不同的角度来判断，保证认识全面；最后，马化腾有一大股，该作决定的时候还是有一锤定音的能量。

最开始的时候，负责行政、财务的陈一丹和负责运营的曾李青在组织结构上很容易针锋相对，因此，两个人经常会发生一些争端，当然，这些争端对事不对人。这个时候，张志东往往会第三个发表意见。张志东技术出身，在反对他的人看来多少有些偏执，但有一点值得肯定的是，张志东认理，当然这个理是他认为的理。也就是说，当曾李青和陈一丹争论的时候，张志东会根据他的认知进行"站队"。至于许晨晔，他是一个"好好先生"，在整个决策体系里是个平衡，很多时候他是站在多数派的那一边或者先弃权观望。最后发表意见的总是马化腾，他负责整个团队的临门一脚，或者是在2：2的时候出来一票定乾坤（这种情况不多），而更多是许晨晔弃权变成2：1的时候，自己这一票下去变成3：1，同样是一票定乾坤。

今天看来，马化腾最开始采取5人共同创业，而不是3人创业是多么的明智和正确。如果只是马化腾和张志东、曾李青的话，那么在遇到分歧的时候，很容易一拍而散，特别是在这三个人都有自己独特的个性的前提下。

Business Develop

诺贝尔奖得主赫伯特·西蒙认为：管理就是决策。任何一个层面上的经理人，每天都要参与、制定和执行关系到企业生死存亡的各类决策。决策是管理活动中最关键的一环，我国古代兵法上说："用兵之妙，唯存乎一念。"想要把握这关键的一念，决策者必须认识决策、研究决策、整合决策、有效决策。

如果公司要成为一个有竞争力的长寿公司，就不能仅仅依靠决策者的个人判断，而需要建立一种决策优化的机制。因为，一个不懂得有效决策的决策者，就不是一个卓有成效的企业家。

一个优秀的决策者，可以从一闪的灵光开辟一个崭新的市场，可以从一个绝妙的主意开创一份事业，可以从一个微妙的细节救活一个企业，可以从一次握手聚拢一批人才。决策伴随着企业家和经理人管理活动的始终，无论是在企业发展的哪一阶段，决策者都必须明确自己想要达到的目标及实现的可能，都必须审慎地认识到决策的有效性及可操作性。

德鲁克认为，决策是管理者特有的任务，需要注意以下五个方面的问题：

第一，必须明确所要解决问题的性质。有些问题属于常规问题，有些问题则是偶发问题。决策者常犯的错误在于，把常规问题当作一连串的偶发问题,或者是把一个新的常规问题当作是偶发问题。决策者必须根据情况的变化,敏锐地把握市场,真正搞清楚所面临的是什么性质的问题。

第二,要明确所要解决问题的"边界条件",即决策的目标是什么、决策想达到什么样的目的、达到这个目的需要哪些基本的条件、市场的变化能不能实现这些条件、企业自身的状况能不能解决所面临的问题,等等。

第三,解决问题有哪些方案?这些方案需要具备什么样的条件?如果要实现自己的方案,可能遇到哪些阻力?应该做出哪些必要的妥协?要怎样沟通才能达成共识?

第四,有效的决策必须能够执行和操作。决策者在决策方案中应该选择对企业最有利的、最具执行力的行动方案,否则,决策将失去意义。

第五,在执行决策过程中,还应该重视反馈,以便印证决策的正确性和有效性。卓有成效的决策者都能弄明白所要解决问题的性质,对于更多的决策者而言,决策的目的更具有启发价值。

作为企业家,如果是不懂技术的非专业人士,不了解创新产品的性质和特点,就容易导致决策的混乱和无效果,这样难免会造成一幕幕巨人崛起和陨落的悲喜剧,值得决策者警惕和反思。

打造一个
世界级的互联网企业

重塑小公司的创业特质，激发激情、快速响应，引领技术和体验的创新，打造让用户惊喜的精品。

2005 年进行组织架构调整的时候，全公司还只有 2000 多人，7 年来经过快速的发展，腾讯的人员规模已经是当年的 7 倍，很多 BU 的规模都大于 2005 年整个公司的规模，并且可预期还有更多的同事会加入。当团队规模变大后，很容易滋生出一些大企业毛病。我们到底如何克服大企业病，打造一个世界级的互联网企业？我们需要从"大"变"小"。

这次调整的基本出发点是按照各个业务的属性，形成一系列更专注的事业群，减少不必要的重叠，在事业群内能充分发挥"小公司"的精神，深刻理解并快速响应用户需求，打造优秀的产品和用户平台，并为同事们提供更好的成长机会；同时，各事业群之间可以共享基础服务平台以及创造对用户有价值的整合服务，力求在"一个腾讯"的大平台下充分发挥整合优势。

希望大家能够通过这次调整，重塑小公司的创业特质，激发激情、快速响应，引领技术和体验的创新，打造让用户惊喜的精品。

最后，我特别强调的是：此次组织架构调整，是公司长期管理提升的一个组成部分，伴随着行业的快速变化和公司的持续发展，后续一定还会有小步快跑式的微调。但无论组织架构如何调整，我们还是要坚守腾讯的愿景和文化。

过去的 14 年，我们一起携手，伴随着互联网行业的发展而成长，为亿万用户打造了一站式的在线生活平台；展望未来，互联网行业的发展空间无限，我们应该有更宏大的理想，扎根中国，放眼世界。希望所有同事与我们一起，拥抱变化，拥抱未来，与合作伙伴、互联网同行一道，通过互联网服务让亿万用户的生活更美好！

——摘自《马化腾全体员工：拥抱变革 迎接未来》

延伸阅读

"腾讯就像一个商场，花了几年时间建起来，积累了足够的人气，以后往里塞什么东西都好卖。"依靠这款中国网络业绝无仅有的"杀手级产品"，腾讯几乎可以进入互联网的任何一个领域，并获得足够量级的稳定用户群，这也就意味着更多的收入。

但是，巨大的平台黏性也造就了硬币的另一面：腾讯的管理者和员工会自觉不自觉地产生"大树底下好乘凉"的惰性。腾讯员工的创新动力不足，腾讯内部大多在抢QQ的入口资源。

"这其实是对营销资源的一种恶性透支。"某位腾讯员工评论道，"第一次、第二次，用户可能会打开看，但到第三、第四次，可能就会烦了。这就会影响客户的体验，进而影响QQ的品牌形象。"

中小企业在市场竞争中是最具有活力的经济组织，而有大公司病的公司往往因为自己规模大在战略上轻视对手，资源配置也很散乱，而且行动缓慢。从小企业做大的腾讯显然对这一点有着深刻的体会。

创新动力的丧失，让腾讯陷入了成长的烦恼，高企的股价背后随时面临增长放缓的事实，这正是马化腾重组腾讯的根本原因。

马化腾认为，当公司扩张到一定程度时，就需要从"大"变"小"，重塑小公司的创业特质，激发激情、快速响应，引领技术和体验的创新，打造让用户惊喜的精品。他说："我希望将腾讯带回到敏锐和创新的小公司状态，并深入推进开放战略。"

"大公司平台、小公司精神"是腾讯这次变阵的一条主线。2012年腾讯员工已经有2万人，是7年前的7倍，如何保持对技术、趋势的灵敏度以及组织活力成为马化腾必须思考的问题。

Business Develop

小公司是无所不知者，与市场联系更紧密，更了解市场上犹豫不定的代价。因此，对大公司来说，小公司的创业精神和行动力是非常宝贵的。曾任 GE 公司董事长的韦尔奇也曾指出：必须在大公司的庞大身躯里，安装小公司的灵魂，应停止像大公司那样行动和思考问题，着力精简机构，着力增加灵活性，并且像小公司一样去行动。

利丰是一家大规模的公司，业务遍布全球 40 多个经济体。如何保持大企业的灵活性和弹性对利丰来说至关重要。从多年来开展国际商务贸易的经验中，利丰体会到，一个成功的企业必须像大公司一样思考，像小公司一样行动。

利丰公司的组织架构是以小规模的产品部门作为基础，并非常重视每一位部门主管发挥他们的创业精神和行动力量。在利丰公司，这些部门经理被形象地称为"小约翰·韦恩"（约翰·韦恩是一名好莱坞演员，因扮演勇敢而又富有正义感的西部牛仔，为理想及原则挺身而出为人们熟知）。之所以用这个称呼，是因为利丰公司希望部门经理不要只坐在办公室里处理文档，还要主动地外出了解市场、寻找机会。

利丰的各部门有充分的自主权，所有涉及为客户进行生产的决定，如使用哪家工厂，停止发货还是继续发货等，都由部门经理决定。这样，利丰的每一个部门都由一个"小约翰·韦恩"负责，利丰要求他们要像管理自己的公司一样来运作自己所管辖的部门。

而且，每一个"小约翰·韦恩"还有自主招聘员工的权利，根据工作性质设置不同的专门小组，如原材料采购、质量控制、运输物流、跟进订单及信息支持小组等。利丰总部则根据小部门的需要提供后勤服务，如财务资源和信息技术，以便每个"小约翰·韦恩"都可以专注于自己的业务。

从管理学的角度看，利丰这种横向综合的"小团体"组织既能够在组合、解散或更换时迅速响应市场的变化，又能够将大公司和小公司的优点结合起来，除了没有大公司趋向官僚主义的缺点之外，还具有小公司能做到专业化的长处，而且在小公司的背后又有了大公司雄厚的后勤资源。

正直、
进取、合作、创新

公司把价值观中的"尽责"升级
为"进取"。

上半年公司把价值观中的"尽责"升级为"进取",一方面希望我们能够保持创业般的激情,优化组织结构,精简流程,提高效率,坚决杜绝官僚主义和本位思想。这是我们持续健康发展的内部关键因素,也会是我们取得未来成功的重要保证。

——摘自《马化腾:用创业的激情拥抱变革》

延伸阅读

2011年是中国互联网发生重大变化的一年。互联网新增用户比例大幅降低,每年数千万新增的互联网人口红利效应已经逐渐消失;互联网终端逐渐由PC机开始转向移动终端,这些都将互联网行业的竞争推到了一个新的起跑线上。对腾讯而言,也是机遇与挑战并存。

腾讯的价值观起初是正直、尽责、合作、创新。马化腾曾说:"做人要德为先,正直是根本;尊重自己,尽责是做好工作的第一要求;一个企业只有团队优秀才能真正成就个人的优秀,只有上下团结一心,才能不断追求优秀的合作境界。"

马化腾还分别用几种动物来代表这4个价值观。第一个是长颈鹿,第二个是蚂蚁,第三个是犀牛和犀牛鸟,最后一个是鹦鹉螺。长颈鹿是正直,蚂蚁的价值观是讲尽责,犀牛和犀牛鸟是一个合作的关系,鹦鹉螺代表创新。

为什么第一条是正直呢？马化腾在招聘时定下一个标准——"人品好"，他说："我几乎是有点偏执地超级强调这一点，我们几个创始人都喜欢简单，不喜欢搞政治化，哪怕你说我不懂也好，我就是强调简单，人品第一……在找职业经理人上我们很重视人品，就算能力再强，人品不行也不敢让他进来，这是腾讯价值观的第一条——正直。"

2011 年上半年公司把价值观中的"尽责"升级为"进取"，海燕代表进取。对于公司的价值观，腾讯的表述如下：

正直：遵守国家法律与公司制度，绝不触犯企业高压线；做人德为先，坚持公正、诚实、守信等为人处世的重要原则；用正直的力量对周围产生积极的影响。

进取：尽职尽责，高效执行；勇于承担责任，主动迎接新的任务和挑战；保持好奇心，不断学习，追求卓越。

合作：具有开放共赢心态，与合作伙伴共享行业成长；具备大局观，能够与其他团队相互配合，共同达成目标；乐于分享专业知识与工作经验，与同事共同成长。

创新：创新的目的是为用户创造价值；人人皆可创新，事事皆可创新，敢于突破，勇于尝试，不惧失败，善于总结。

Business Develop

企业价值观把所有员工紧紧地联系到了一起，是大家艰苦努力的结果，是企业生存发展的内在动力和企业行为规范制度的基础。企业价值观会使企业和员工向着共同目标、共同方向去努力，带领着企业走向成功。

价值观对员工的影响力是深远的，有不少在宝洁公司工作多年的人跳槽去民营企业，竟感觉像移民一样，可见价值观之深入人心。

企业文化是一种重要的管理手段，是一种价值观。企业文化是由其传统和风气所构成，同时，文化意味着一个企业的价值观，这些价值观构成公司员工活力、意见和行为的模范。管理人员通过身体力行，把这些文化灌输给其员工并代代相传。

美国企业文化专家劳伦斯·米勒在《美国企业精神——未来企业经营的八大原则》一书中指出：几乎美国的每个大公司，都在发生企业文化的变化，老的企业文化在衰变，新的企业文化在产生，美国的企业具有强烈的竞争意识，这种精神可以包括在八大基本价值之中。

1. 目标原则，成功的企业必须具备有价值的目标。

2. 共识原则，企业成功与否，要看它能否聚集众人的能力。

3. 卓越原则，卓越不是指成就，而是一种精神，一种动力，一种工作伦理，培养追求卓越的精神。

4. 一体原则，全员参与，强化组织的一体感。

5. 成效原则，成效是激励的基础。

6. 实证原则，即强调科学的态度，善于运用事实、数据说话。

7. 亲密原则，即相互信任、互相尊重的团队精神。

8. 正直原则，正直就是诚实，以认真负责态度的工作。

在劳伦斯·米勒指出的八项基本价值中，正直是绝对不能妥协的一个原则，"正直"是许多跨国公司企业文化的磐石。在这方面做得最好的公司，其总体经营成果往往也能长期保持最佳纪录。腾讯就是显著例子之一。

价值观决定着一个企业的影响力，核心价值观更是至关重要。

惠普公司创始人休利特和帕卡德在 1957 年惠普公司上市之际，确立了公司的核心价值观，其主要内容是"客户第一，重视个人，争取利润"。公司围绕这种宗旨和价值观，制定出许多具体规划和实施办法，最终形成了被业界誉为"惠普之道"的惠普文化。

在惠普公司的发展历程中，惠普的制度进行了多次调整和完善，但其核心价值观从未改变过。核心价值观使惠普这个从车库里走出来的公司，发展成一个享誉全球的大公司。

惠普公司的成功源于对惠普核心价值观的锲而不舍的坚持。惠普前总裁卡·菲奥莉娜说："惠普取得持续成功的关键，就是惠普的创造力、惠普的核心价值以及行为准则的精神。"她认为，企业发展的关键因素不是技术而是对核心价值观的坚持以及在思想指导下保持管理制度的传承性。

有位将军曾说过:"出色的部队都有'节奏',一种整体感,一种精神力量。"建立一个有灵魂的企业,和打造一支忠诚而有战斗力的军队是一样的,只有确立核心价值观,才能提供强有力的保证。

如果根植在一个企业的核心价值观,随着时间推移而变成不可动摇的天条或信念,它就成为一种核心竞争力,成为一种最不可模仿、最不可替代的能力。可见,不同价值观决定着企业和个人如何算账、如何看未来,从而决定企业未来的发展程度。

第八章
这是一个天翻地覆的时代

拥抱变革，提升品牌的价值，这是转型期必须做的。已经拿到移动互联网第一张站台票的腾讯依旧要激情地去探索未知的世界。

变革时代　**激情 + 策略 + 挑战 = 创造未来**

腾讯转型
必须提升品牌的价值

做品牌只是自然而然的水到渠成。

《外滩画报》：两年前，你找来刘胜义推广腾讯的品牌。对于腾讯的转型，你是从什么时候开始考虑的？是什么事情让你意识到非转型不可？

马化腾：做品牌只是自然而然的水到渠成。目前，腾讯的流量已经成为业界第一，提升品牌的价值，这是腾讯转型必须做的。

——马化腾接受《外滩画报》采访

延伸阅读

对很多人来说，腾讯意味着QQ，QQ意味着中国网民。

杨阳是最早一批QQ用户之一。1999年2月，腾讯公司正式发布第一款QQ。那时候的QQ还不叫QQ，而叫OICQ。

他至今仍记得自己当时走进县城第一家网吧的情景，"一个小时上网要四五块吧"。蓝色的电脑屏幕上并没有太多图标，懂行的朋友告诉他："你就点开那只企鹅，企鹅最好玩。"

那时候杨阳是一名初二的学生，他身边的同学慢慢地都开始去网吧里上网，都有了自己的QQ号。

刚开始，QQ注册用户年龄大多在15～30岁，主要用户是像杨阳一样的80后，这让很多人认为腾讯的用户偏低龄化，觉得腾讯的产品是小孩子的玩具，所以不爱用。

马化腾当时曾说："很多人就像我们的邮箱，我们的邮件发送最快最便捷，但没有人用，很多人觉得后面带着个 qq.com，都不好意思用啊。"

品牌低龄化的问题很早就在腾讯内部被激烈讨论，"我们自己内部在 PK，有人说，没戏啦，不要用 QQ 这个名字啦"。

不是没有尝试过推广，"但没有用，自己和自己打都打不了，大家内部都不认。唯一的方法，就是通过踏踏实实的服务，通过实践营销，一步步把这个品牌中性化，把它做好"。做"大门户"的概念，也是马化腾决定提升腾讯品牌价值的策略之一。

"我们的用户群每年都会长大一岁，会慢慢成为社会主流。对于不断成长的这些用户，你要赶紧开发那些能留住他们的服务，一定要留住他们。周围的人用得多了，他就敢用了。用得好了，大家就不会觉得这个很低端。这条路很艰难，但这是唯一正确的路。"

马化腾挥了挥手，态度很坚决。"腾讯正是从做门户网站开始影响主流，我们的用户群每年都会老一岁。而已有的用户，当你的服务做好了，你赶他他也不会走。"

腾讯网一开始就定位于综合门户网站，从而降低其对年轻用户的依赖程度并扩大更高层次用户规模。

正是从门户网站开始，通过内在提升用户体验，外在广告一系列品牌提升策略，从而让 QQ 的用户逐渐覆盖至全体民众。

Business Develop

"品牌"（brand）一词源于古挪威文字 brandr，意思是"烙印"，它非常形象地表达出品牌的含义——"如何在消费者心中刻下烙印"。品牌是一个在消费者生活中，通过认知、体验、信任、感受建立关系，并占得一席之地的消费者感受的总和。

美国营销专家菲利浦·科特勒认为，品牌推广是一种名称、术语、标记、符号或设计，或是它们的组合运用，用来辨认其销售者的产品或服务，并使之同竞争对手的产品和服务区别开来。

品牌推广的目标是向购买者长期表达一组特定的属性、利益和服务，而这些信息能够激发消费者的购买欲望，维持消费者对品牌的忠诚。这为企业带来的利益是长期的，并且难以估计。

2004 年 9 月，欧洲最大的电子消费品制造商飞利浦决意改变自己"小家电巨头"的形象，将国人熟知的"让我们做得更好"的广告语变为"精于心、简于形"。飞利浦计划为此举付出 8000 万欧元。

飞利浦总裁兼首席执行官柯慈雷宣布这 8000 万欧元将用于在包括中国、美国、法国在内的全球 7 个重点地区发动一场广告公关营销推广大战，通过对这些地区的广播、电视、平面媒体和网络等全方位的"轰炸"，将新的品牌定位传达给全世界的消费者。

如同许多百年老店一样，飞利浦这家老牌的欧洲跨国电子巨头在盛名之下其实难副，前进的步伐已经开始力不从心：从它的财报上看，飞利浦已经连续 7 个季度出现亏损。

"我们期待通过这个新的品牌定位，改变飞利浦在消费者心目中仅仅是一个消费类电子企业的形象。我们希望消费者能联想起'便利'或者类似的生活方式，确保消费者轻松简便地使用这种技术或享受生活。"飞利浦首席市场官芮安卓如此说。

提升品牌价值所带来的利益是不可估量的，飞利浦用 8000 万欧元提升品牌价值，从而实现了华丽的转身。2004 年，飞利浦的品牌价值仅为 35 亿欧元，2006 年已经达到 65 亿欧元。

商业社会中，品牌就是企业的竞争力。打造品牌、提升品牌是一个长期的、艰巨的任务。提升品牌价值，不单单是资金投入的问题，还需要大量精力、时间和创意的投入。企业家若想改变只重短期效应、不重长期效应的短视行为，不仅要有品牌意识，还要在市场营销方面下更大的工夫。

强化
内功，效率优先

优化组织结构，精简流程，提高效率，坚决杜绝官僚主义和本位思想。

随着公司的发展，组织规模不断壮大，这给经营和管理都带来了严峻的挑战。互联网行业不是劳动密集型的行业，如何通过互联网小团队方式打造受欢迎的产品，如何善用资源，发挥平台优势，如何创新制胜，值得大家深入思考和总结。

上半年公司把价值观中的"尽责"升级为"进取"，一方面希望我们能够保持创业般的激情，另一方面也希望能够激发组织活力，面对行业变化和转型带来的困难与压力。我们吸取一些老牌互联网公司沉沦的教训，优化组织结构，精简流程，提高效率，坚决杜绝官僚主义和本位思想。这是我们持续健康发展的内部关键因素，也是我们取得未来成功的重要保证。

当前，公司面临着规模与人员快速增长带来的多重压力，我们需要通过流程的精简，不断优化成本结构和执行效率，以精英产业的方式，而非劳动密集型的工作方式发展公司业务；各个 BU、各个业务部门和各平台必须精诚合作，联合策应。只有大家统一认识，杜绝本位主义和山头主义，在未来通过 BU 间合作和公司平台间联动，才能赢得互联网行业的激烈竞争。

——马化腾在腾讯 2011 年中战略管理大会上的演讲

延伸阅读

腾讯高级副总裁张志东说，原有的组织形态，设计的模式是一个大农庄，然后每块田我们的同事都去勤勤恳恳地开垦，整个组织文化和组织体系是这样的一个体系，这样的体系要去适应，也不是很容易的，这需要很用功，也会有很多组织不顺滑、不顺畅，磕磕碰碰，中间难免有一些反复。

随着腾讯的规模达到 2 万人，垂直的组织层级越来越多，横向的跨部门合作也越来越多，很多情况下，在跨团队的沟通上会出现问题。此时，公司会越来越多地遭遇到一个来自内部的敌人——"两万人管理魔咒"。当企业人员超过 2 万人时，管理的成本就会大大提升，执行效率就会大大降低，从而需要"质变"。

其实，不必纠结这个魔咒是不是恰好在 2 万人时生效，需要关注的是，几乎所有的大企业都会遇到大企业病。比如，2011 年全球研发排行榜里，诺基亚依然位居 IT 企业前五，但是其研发效率并不高；谷歌在两年前人员突破 2 万人的时候，就开始遇到人均效益降低的情况，拉里·佩奇亲自出马，大幅压缩了公司的产品战线，进行了组织重组后，公司才重新步入上升轨道。

对于互联网企业而言，行业环境瞬息万变，业务部门尚且无法准确预知一两年后的变化，管理和服务部门更难以靠"清晰、规范的流程"来固化管理。这时候，各个部门需要更紧密地合作，共同面向业务，拥有"系统性随机应变的能力"。

Business Develop

许多大企业中，原本可以用一个流程就做完的事情，实际上却花了许多的流程去做，精力、时间、效率就这样白白地消耗掉了。其实，要想更好地提高效率，可以通过简化流程的方式，让具体的工作变得更简单。

中国最大的鞋业民营企业——奥康集团曾经有一个"撤掉中仓，再造一个奥康"的事例，这正是简化流程、提高效率的典型。

2004 年，奥康开始和意大利著名制鞋企业 CEOX 进行合作，正式迈出国际化合作的步伐。很快，CEOX 就给奥康下了一笔 30 万双皮鞋的订单，并且要求他们在两个月内交货。而按照奥康当时的生产量来说，这么短的时间内不可能按时完成。

但这是奥康和 CEOX 的第一次合作，如果不能按时交货，那么，不仅仅是赔偿那么简单，更重要的是会影响到与 CEOX 以后的合作。一向崇尚"没有什么不可能的"这一思想的奥康总裁王振滔并没有退缩，而是毫不犹豫地答应了。

多年没有进过车间的王振滔重新走进车间，对生产线的每一个流程都进行了仔细研究。结果，他发现他们一直奉行的"中仓协调流程"是实现流水线作业的最大障碍，原来的流程是：裁断裁好后进入中仓，针车从中仓领出来完成后再进中仓，中仓出来再到成型……这样一个中仓卡住，整条线就卡住。多这样一个中仓环节，不仅造成了人员的浪费，而且造成了生产效率的低下。

于是，王振滔立即撤除了中仓环节，让流程变得简单起来。这样做了以后，所有流水线的产量都翻了不止一倍，原来一条每天只能生产 600 多双鞋的生产线，现在可以生产 1400 双。用王振滔自己的话来说，就是"奥康用 20 天的时间，再造了一个奥康！"就这样，30 万双皮鞋的订单任务按时完成了。

开放平台
必然会有挑战

开放平台必然会有一些挑战，之前也发生了一些事情，要常抓不懈。

问题：我们公司有很多的开放平台，除了 SNS 的开放平台之外，还有 Q+ 开放平台，有自己独立的团队，后续微博开放平台和微信的开放平台会不会整合？开放平台如何经营？

马化腾：因为微信是通讯工具，它还很难加载玩游戏，但未来会有。现在我们还不敢做商业化，等再稳定了才做。有的话肯定也是按开放平台来谈，商业化也是由现有的 BG 来谈，它不会自己做。

微博媒体属性太强了，媒体属性的商业化就是苦活，很难有爆发式的，我们要做也一起做，由 SNG 统一来承担商业化，需要共同探索盈利模式。

开放平台的经营要涉及很多方面，比如，对抗腐败。电商以前也是，但是电商纳入了一个广告系统就好很多，全部货币化了、商品化了就比较好说。所以，开放平台必然会有一些挑战，之前也发生了一些事情，要常抓不懈。

——摘自《腾讯总办午餐会马化腾恳谈录》

延伸阅读

马化腾说，腾讯开放是不可逆的，这扇大门只要一打开，就不会关闭。马化腾还指出，在腾讯的开放平台里面，绝对不会受任何限制，而且是公平透明。当然，这个规则不可能一劳永逸，一定要不断优化，需要所有合作伙伴和腾讯一起共同打造一个最优的平台规则。

马化腾接受《第一财经周刊》采访时说："我们希望QQ号可以成为一个Open ID，底层能够与各个关系链串联，关系链之间也能够打通，并提供给外部开发者。"

腾讯互娱总裁任宇昕先生说，腾讯开放的目标之一是各个厂商之间实现合作共赢。 腾讯的开放是一种彻底开放，表现在几个方面：

第一，腾讯的所有平台都会陆续开放，微博、Qzone、朋友网等平台都将加入开放的阵营中。

第二，腾讯的开放没有任何限制，任何开发商任何的内容只要合乎国家法律法规，都可以在平台上接入。

第三，开放对所有的大中小（包括腾讯自己的）开发团队都是一视同仁，在各个方面都没有区别的对待。

最后，任宇昕先生总结道，未来是属于开放的时代，腾讯将致力于搭建起一个开放的舞台，期待国内众多开发商在这个舞台上有精彩的表演。

2013年3月，腾讯开放平台准备将运营两年的腾讯云独立出来，对所有的开发者开放。

腾讯高级执行副总裁汤道生透露，腾讯未来将从社交化内容存储、移动网络加速、LBS、点对点通讯、移动安全、移动数据分析六个方面提供云服务。

此外，腾讯还将把开放平台从桌面延伸到移动互联网，将逐步开放QQ登录、Q币支付、QQ关系链、手机Qzone。目前，腾讯内部正在打磨腾讯的流量变现计划，为开发商进行应用内广告的支持。

在腾讯开放平台从2011年6月15日正式开放之后，实现的第三方应用的月活跃用户已突破3亿，强大的平台优势让经营两年的腾讯云平台日用户数超过百万，开发商也已经超过25家，在线数超过十万的开发商超过30家。

据《每日经济新闻》记者了解，过去腾讯给开发者只是提供服务器空间，以便管理数据和确保安全和隐私。但事实上，仅提供服务器空间对于开发者而言往往是不够的，怎样为其提供具备高度弹性，以应付可能突然激增访问量的云环境成为腾讯的挑战。

汤道生表示，"一些移动应用的体验不够好，与 PC 上的体验差距不小，这与网络环境、开发商的能力有关，甚至一些高收入、日活跃用户数（DAU）很高的开发商也有这类问题。因此，腾讯将通过云平台专门为移动开发商提供技术支持"。

汤道生透露，早在 2012 年 11 月，腾讯就为即将独立开放的云平台注册了域名 tengxunyun.com，未来腾讯将提供类似亚马逊 AWS 的服务，而亚马逊的 AWS 相对中国的开发者来说价格有些昂贵，暗示腾讯云会比 AWS 便宜不少，并表示腾讯云目前已经有 2 万台实体机。

除此之外，腾讯将为开发者提供各种基于云的开发插件和工具，在这个过程中，开发者每次调用腾讯云提供的 app 开发插件和 API，腾讯就能进一步掌握每个开发者的 app 本身的用户数、增幅、活跃度、付费用户比例、app 本身复杂程度等情况，而这也让开发者和腾讯平台更紧地绑在了一起。

除了云平台服务之外，腾讯未来也将把开放平台从桌面延伸到移动互联网，为移动智能终端应用提供一体化解决方案，即：QQ 账号登录、QQ 关系链传播、应用中心一体化（有线 + 无线）。这也意味着继微信之后，腾讯的另一个大平台正式切入移动互联网。

Business Develop

"将来会是整合与分享的时代，企业要想取得发展和突破，首先就要有开放的心态。中国企业最善于模仿，那么希望互联网企业能将模仿进行到底，将国外开放和创新的精神'抄袭'过来，而不仅仅是技术的模仿以及模式的山寨，更不能是平台架构和内容的 COPY。除了资金与技术，模式创新与资源整合很重要，不创新就不会有出路。"际通宝 CEO 丁国栋表示。

在这样的大趋势下，对于草根创业者来说，腾讯平台的开放会带来什么样的机遇和挑战呢？

1. 丰厚的资金支持

腾讯要打造一个规模大、成功的开放平台，扶持所有合作伙伴再造一个腾讯，而腾讯产业共赢基金的投资额已经突破 20 亿元，很快也将达到 100 亿元。草根创业者共同面临的问题就是创业资金的短缺。好项目谁来投资，找谁投资，现在这些问题都可以解决，腾讯产业共赢基金将提供资金。

2. 庞大的用户资源

腾讯拥有 6.47 亿 QQ 用户和用户关系的核心优势，彻底开放腾讯朋友、Qzone、腾讯微博、财付通、电子商务、腾讯搜搜、彩贝以及 QQ 八大开放平台，这就意味腾讯将开放相关平台的引流和接口，将相关用户流量和需求转向第三方合作方。

前几年"开心农场"社区游戏接入 QQ 空间，带来的结果是服务器的瘫痪；QQ 用户数据与网站登录系统的对接，造成豆丁网的 30% 用户来源于 QQ 账号登录。开放平台可以让产品推广和宣传成本降到最低。

3. 高质量用户体验

腾讯开放的目的，与其说是为了带动国内互联网革命，还不如说主要为了腾讯企业本身和腾讯用户，随着互联网的日益发展，用户对互联网产品和服务需求日益多元化和品质化。腾讯虽然是互联网帝国性的企业，但也难在纵横复杂的垂直和精准领域做得很深很细，且之前的复制之路不被业内和用户看好。难以让用户体验到创新优质的产品，所以腾讯为了更好地服务庞大的用户，开放平台让更多第三方企业为腾讯用户的需求去思考开发更多创新实用性的产品。

4. 高利润的回报

在合作伙伴大会上，马化腾透露现在每年有近 40 亿元分给各种合作伙伴，且合作伙伴一款应用拿到单月最高分成已突破 1000 万元，并随着腾讯八大开放平台发展，腾讯将把相当于现阶段一年收入的 200 亿元，分给在自己的开放平台上的各种第三方合作伙伴。如此巨大产业值的分享空间，创业者都想从中分抢到蛋糕，乃至一杯残羹也不错，高回报是草根创业的动力。

腾讯的开放给草根创业带来资金和用户的支持，大大降低创业成本，提高创业成功率，并且让创业者获得高价值回报。创业者应该充分利用腾讯开放所带来的资源。

5. 创新的商业模式

虽然马化腾一开始就特别强调开放之后带来的产业值，以及分享给合作伙伴的巨大利润空间，但目前腾讯开放平台具体商业模式还没有透露，我们可以设想：开放平台对接第三方应用的多样化，可能是游戏软件、电子商务，或者整合一些服务资源的软件等。

每种合作伙伴提供产品性质不同，共赢商业模式也不可能相同，第三方草根创业者应该提前思考自己的商业模式。

我不是
"全民公敌"

搜索也是我的战略级产品。这体现出一个趋势，就是企业之间全业务线的竞争。

《北京晨报》：百度推出了即时通讯工具百度Hi，您会觉得有压力吗？李彦宏说这是百度的战略级产品。

马化腾：搜索也是我的战略级产品。我使用过百度Hi，感觉它主要的作用是把百度的内部产品都打通。不过这也体现出一个趋势，就是企业之间全业务线的竞争。

《北京晨报》：您的意思是，中国互联网企业将迎来全业务竞争的时代？

马化腾：业内曾经还笑称腾讯什么都做，是"全民公敌"，可如今这个概念已不存在了，因为你不是想去进攻别人，而只是想稳定你的用户群，发展全业务线很自然。现在同时进行搜索、即时通讯、电子商务的已经有三家公司（2008年）。不过这种趋势在中国互联网还是初级阶段，但在韩国已经有了先例。

《北京晨报》：腾讯的多条业务线怎么兼顾？

马化腾：做全业务，不代表会很冒进地把现在的主营业务丢掉，而且更要依靠已有的收入来支持试验。但从长期发展来看，比如，像网络广告，它比网络游戏和无线增值业务的天花板更高，腾讯必须去争取。其实从公司业务角度看，我早可以退休了，但产品上太多没做好，除了门户，还有搜索和电子商务，电子商务做了两年才刚找到诀窍。

——马化腾接受《北京晨报》采访

延伸阅读

成长给腾讯带来很多的快乐，也带来了不少成长的烦恼，也许对同一行业或者其他行业新的企业，可能都会有这个坎，腾讯也是走到了这个坎上。

从"企鹅"孵化出的衍生业务，已经串联到一起形成了一个庞大的网络产业群：兼具信息平台和门户整合功能的 QQ.com 网站，互联网虚拟增值业务 QQ 秀、QQ 宠物等，针对手机用户的无线 QQ，由消费者直接向消费者推销商品的 C2C 电子商务平台拍拍网等，腾讯成为互联网业态最全面的企业。

1999 年，马化腾开始做 IM（即时通讯），到 2009 年已经拥有近 3.5 亿用户，全球排名第一。事实上，在 2003 年以前，马化腾都只在 IM 领域发展，并依靠和移动运营商的合作获得无线收入。

马化腾占有 IM 市场 70% 以上的份额，几乎垄断了中国的 IM 市场。2003 年微软的 MSN 进入中国，成为腾讯的转折点。此前，捆绑在 Windows 平台上的 MSN 占有中国 IM 市场 10% 的份额，是马化腾最大的对手。

"当你发现根本没办法跟 MSN 硬拼时，就不得不想其他办法。"硬拼，是指马化腾仍不做其他业务，和 MSN 死耗在 IM 上。MSN 有微软旗下的 Office、Windows 等强大业务线支撑，要打消耗战，马化腾只能坐以待毙。于是，他决定带领腾讯向多条业务扩张。

自此，马化腾开始了中国互联网的"全民公敌"之路。不管马化腾愿不愿意，几乎所有互联网公司都曾向他宣战，所有一线互联网大佬都开始警惕这只小企鹅。

马化腾将第一个反击点选择在门户网站上。2003 年，马化腾挖来在 Tom 和网易先后担任内容总监的孙忠怀，让他筹建 QQ.com，大力打造腾讯的门户之路。同时马化腾又推出游戏平台，主攻以棋牌类为主的休闲游戏。当时在棋牌类游戏市场中，联众、中国游戏中心等拥有百万级的用户，三大门户分别有千万级的用户，但马化腾拥有数以亿计的 QQ 用户，他的底气很足。

到 2004 年年底，QQ 游戏的最高同时在线人数达 100 多万，超过联众成为最大的休闲游戏门户。同时，仅用两年半时间，腾讯网成为流量最大的中文门户。在此基础上，马化腾大举进军大型网络游戏。腾讯旗下的 QQ 幻想等游戏很快便积累了百万级的用户，迅速跻身中国网游第一阵营。

与此同时，早在 2003 年马云闭门研发 C2C 的时候，马化腾就有进军电子商务的打算。他向马云提出合作，终因马云出让的股份太少而作罢。等到 2005 年淘宝大功告成、也推出自己的 IM 工具时，马化腾随即在 2005 年 9 月拿出了自己的电子商务业务。表面上看是马化腾"入侵"马云的领地，但对腾讯而言，颇有点"保卫战"的意思。

扩张后的利益随之而来，2006 年第一季度，腾讯的互联网增值服务收入（包括网络游戏、社区等业务）达到 5430 万美元，同比增长 193%，与网络游戏老大网易的相应收入 5620 万美元相差无几。而腾讯的总收入高达 8030 万美元，同比增长 115%，远远甩开网易，居中国互联网之首。

马化腾觉得自己是"被市场逼出来的"，互联网市场变化太快，路到底怎么走，谁也说不好。互联网在数月内，就会有很多新东西冒出来，哪些才是热点呢？这就需要看竞争对手的反应。

看看别人哪些做得好，哪些做得不好，然后再自己选择。有了竞争对手，才有参考，才有斗志。面对"杀过来"的对手，是硬顶，还是迂回作战？马化腾有自己的答案。

在对手的"围剿"中，马化腾转守为攻。对于自己"不幸"成为"全民公敌"，马化腾很平淡地说："如果没有压力，我就会不思进取，迟早被耗死。"

Business Develop

马化腾表示："互联网行业中危机是随时存在的，腾讯的'垄断'是属于'自然垄断'，只是阶段性的，没有人能保证未来会怎样。"而对于腾讯的"自然垄断"是否会伤及其他竞争对手和用户，马化腾表示，"关键是看垄断者有没有去做坏事"。

凯文·凯利称，工业化时代垄断很可怕，但互联网时代的垄断不一样。因为，这种垄断通常是自然垄断，而且它不会垄断很长时间，会被下一个产品或科技取代。所以，这种垄断是有利的，因为它对用户有利。"我发现在互联网领域，抱怨垄断的都是那些垄断公司的竞争对手，而不是消费者。消费者没受到什么损害，因为他们获得的是免费服务。"

抛开垄断的质疑，全业务竞争则是时下企业发展的良好趋势。联想CEO柳传志则是这个趋势的"劳模"：

对川酒关注已久的柳传志终于在2012年4月落子四川泸州。其执掌的联想控股旗下公司联想酒业出资1.4亿元收购泸州蜀光酒业51%的股份，准备将蜀光酒业打造为联想酒业的白酒基酒生产基地。与此同时，泸州禧事达酒业与联想酒业旗下公司乾隆醉酒业双方的手有望牵得更紧。

联想控股名誉董事长柳传志对川酒关注已久，但在出手投资方面很谨慎。从去年开始，联想控股高层亲自到四川多家酒厂进行考察，并表示对收购川酒很有兴趣。不过，联想控股迟迟没有对四川酒业采取行动，倒是在其他地区率先发招，去年先后收购湖南武陵酒业、河北乾隆醉酒业。不过，随着时间的推移，手持巨额资本的联想终于落子四川，柳传志在泸州"豪饮"川酒。

联想控股于2010年开始涉足现代农业投资领域，并于2010年7月成立农业投资事业部，在此基础上，2012年8月佳沃集团正式成立。在过去一年中，佳沃在水果领域的投资额已经超过10亿元，成为国内最大的蓝莓全产业链企业和最大的猕猴桃种植企业。

联想控股高级副总裁兼佳沃集团总裁陈绍鹏表示，佳沃的现代农业之路可以用"三全"战略来概括："全程可追溯、全产业链运营、全球化布局"，而作为率先迈出的一步，就是此次全面进入以蓝莓和猕猴桃为代表的"超级水果"领域。

全业务竞争是不可避免的发展趋势，只有像联想和柳传志一样全线出击，激流勇进，顺应潮流，才能在企业竞争中占据一席之地，才能提升自身的竞争力。

做
敏感的创业者

危机只要早点发现、早点应对，
就有胜算。

主持人：你之前提到中国的每个互联网公司都在想办法做全业务，但最近发生了一个备受业界关注的事件——雅虎，作为美国最大的门户网站，也是什么业务都有，现在仍没逃脱落后或者被并购的命运，这件事给你什么启示？

马化腾：雅虎并购事件给业界很大提醒，我们的投资者、股东，都会问腾讯到底想做成什么样的公司，是雅虎这样的吗？我说，不能这样比。仅从全面角度说，腾讯好像是雅虎，但又不太一样，因为内部结构完全不同，与后来创新者 Google 等对手比，雅虎的确落后了，失去了创新精神。

在中国，互联网行业变化也非常快，不管企业做到什么样，作为创业者都要保持一种诚惶诚恐的心态才行。腾讯在很多方面很敏感，一有什么新东西就赶紧跟进、先去尝试，因为，我们不知道什么东西会火起来，在探讨过它的前景之后，如果好，就会及时决策。

——摘自《马化腾：创业者始终要保持诚惶诚恐的心态》

延伸阅读

腾讯是一只危险的小企鹅，它是对手眼中的强敌，因此，它也时刻处在危险之中。无论在投资者眼中，还是竞争对手的视野里，腾讯都是比较强悍的对手，因为它最有可能实现沟通、门户、商务、搜索和支付这五类互联网业务的组合。

如今，做了"全民公敌"网站领路人的马化腾，从曾经的言语平淡、不爱表达的技术员也变成了低调、务实的企业家，腾讯发展15年来，他始终保持着对产品的执着和随时都可能被超越的惶恐心态，在公司的未来发展战略和管理中他也显得越发清晰和警醒。

马化腾把腾讯的发展轨迹归结为自始至终的"危机感"。同样在对未知的"危机"的敏感中，腾讯步入了网络游戏、电子商务、搜索引擎业务。

2008年12月，马化腾在接受《新财经》采访时说道："危机只要早点发现、早点应对，就有胜算。往前走一步，看清楚情况，就能决定下一步朝哪个方向走、钱往哪方面放。"

与多数企业家小有成就时的狂妄与自得相比，马化腾常常显露出不合时宜的忧虑。和他谈话，听到最多的，不是腾讯的成功，而是腾讯的危机。

马化腾正是始终保持着这种诚惶诚恐、居安思危的心态，时刻具有"危机感"，才使得腾讯发展越来越好，越来越强大。

Business Develop

在美国有一群濒临灭绝的鹿，被国家保护了起来，圈在一处水草丰美的地方，不让任何天敌接近它们。这群鹿过着十分惬意的生活，可以吃了睡、睡了吃。很快鹿的数量越来越大，灭绝的危险解除了。

但紧接着科学家发现了一个问题，这些鹿的身体越来越差，各种稀奇古怪的毛病出现在它们身上。科学家使用了各种办法治疗它们，却总不见好。最后有一个科学家提出来把"狼医生"请过来，就是请一群狼来到鹿群中间。

当这群狼来到鹿群中间时，鹿群已经不知道狼为何物，傻傻地站在那里。狼看到美食就在眼前，自然扑上去就咬，这时鹿群才知道狼是来吃自己的，争相逃命。就这样，每天狼群追着鹿群在草原上飞奔，凡是跑不动的就被吃掉。

几个月之后，当医生再次检查鹿群的身体时，发现所有的疾病已经一扫而空，这群鹿在狼的追赶下，已经变得健步如飞，健壮如牛。

这个故事体现了一个自然法则：只有在充满危机感和紧迫感的情况下才能更好地生存，一个群体没有危险就是最大的危险。

微软的比尔·盖茨有一句名言是"我们离破产永远只有 18 个月"，海尔的张瑞敏说"永远战战兢兢，永远如履薄冰"，联想的柳传志则说"我们一直在设立一个机制，好让我们的经营者不打盹，你一打盹，对手的机会就来了"，华为的任正非认为"华为应该时时为自己准备过冬的棉袄"。

企业危机的破坏性大致有两种形式：其一是渐进性破坏，其二是急剧性破坏。前者的典型案例是福特汽车公司，其衰落期长达 30 年；后者的典型案例是 20 世纪 80 年代美国碳化物联合公司在印度博帕尔工厂的泄毒事故，造成 2000 人死亡，10 多万人受伤，这为该公司招致了上亿美元的诉讼案件。

很多时候，企业危机都是突然爆发，在其爆发前没有任何显性征兆，或虽有预示，但因企业组织或管理原因未能引起注意，故而显得突然。如果我们心中长存危机意识，能够注意到任何危机到来的微小前兆，则不会被危机打个措手不及。

另外，与企业环境密切相关的外部环境突变，如政治原因造成的危机，包括战争、经济政策调整、在外国投资的公司被国有化或被没收等，也会引起突发性的危机。

危机随时都有可能降临到每一个企业的头上，而且具有无法估量的破坏性，这是任何危机都有的基本特点。认识不到这一点，心中没有危机意识，一旦危机到来，企业势必会措手不及，疲于招架，甚至狼狈不堪。因此，想要游刃有余地面对危机、战胜危机，最为重要的就是要有危机意识，以及对危机的正确认识。

在未知的领域
创造惊异的未来

我们对未来其实是充满了未知，
但是我们仍然是很有激情、很有兴趣
去探索。

陈伟鸿（中央电视台节目主持人）：其实在一定互联网的大海当中航行的船是不会等人，必须自己抓住机会，赶上了点才能上这艘船。

用马总的经典比喻是船票论。很多人觉得腾讯肯定是拿到了船票，因为，微信就是最好的佐证，你现在拿到船票是什么感觉？坐在船上的此刻有什么可说的吗？因为我们没有上过那艘船，不知道感觉如何？

马化腾：这是外界给我们封的船票，我们自己还是觉得很担忧，因为仅仅是一张站台票。你能不能坐到终点，不知道。是一个人上去了，还是一个团队上去了，不知道。而且有很多人往上挤，是和睦相处，还是最后打起来了，也不知道。

我们对未来其实是充满了未知，但是我们仍然是很有激情、很有情趣去探索。我觉得它的美好之处在于它的位置，但是我觉得最关键是说，这个行业是蓬勃发展的行业，我觉得很多人都有机会一起上这条船。

——马化腾在 2013 全球移动大会上的讲话

延伸阅读

2013 年 5 月 7 日，在全球移动互联网大会上，马化腾最后一个出场，但是观众的热情仍然很高。在移动互联网领域，微信的面世，给人们带来很大的惊喜与兴奋。很多人认为，腾讯拿到了互联网的船票。

但是，在这次全球移动互联网大会上，马化腾对此却表示担忧，他认为微信拿到的仅仅是移动互联网的一张站台票。正因为如此，他提出了这样的疑问："这仅仅是一张站台票。你能不能坐到终点，不知道。是一个人上去了，还是一个团队上去了，不知道。而且有很多人往上挤，是和睦相处，还是最后打起来了，也不知道。"

在关于未来方面，很多人都认为腾讯的微信产品承载了腾讯国际化的机会，马化腾也向外界公开了腾讯面对未来的选择——对未知充满兴趣，并积极探索。其实，在2013年3月28日中国发展论坛会上，马化腾已经出人意料地主动谈起了微信的国际化。

除了担忧，马化腾对于未知的未来仍然持有积极的看法。他认为，腾讯国际化的美好之处，正是在于它的未知。而且，好奇心曾经在很多关键时刻，让腾讯赢得胜利。如果墨守成规，退而求其次，在不确定性和现实压力下，从腾讯的国际化退出，这可能降低风险，避免炒作，但也可能丧失机会。

其实，腾讯在移动互联上不是没有过失败。同新浪微博的社会化相比，在粉丝活跃度、商业化和社交网络的参与度上，腾讯微博的优势极少。即便推出些例如阅读数的创新，也很快被竞争者复制，埋单的却是腾讯自己。

虽然明明知道可能会失败，但未知领域的未知数，仍然刺激着腾讯人去探索。比如，腾讯搜搜曾经一度落后，定位服务概念初现，百度和高德尚在踟蹰，腾讯便已经开始了大胆地布局街景服务的应用。谁也没有料到，一年前还是鸡肋的搜搜，如今已脱胎换骨。

正如马化腾认为的那样，必须选择坚持探索未来和开放策略，并维护腾讯人对未知的兴趣，才能走得更远。虽然这可能是危险的，但也可能给腾讯更多机会。事实上，正是在未知面前始终保持兴趣，保证了腾讯人的创新精神的维系，这也是腾讯在国际化道路开辟上的根本力量之所在。

Business Develop

心理学研究表明，当人们对某些未知产生强烈的探索欲望时，就会充满兴趣、充满激情地去研究。这时人们的大脑就会高度兴奋，在精神放松、心情愉悦的状态下，人们的创造性也就能得到高度发挥。

其实，不管是企业还是个人，面对未知的事物，难免会因为未知而好奇，因为，好奇而产生探索的欲望和动力。正是这种探索位置的激情，成就了很多令人惊讶的成功事迹。

贝时璋是我国著名细胞生物学及生物物理学的奠基者、教育家、科学活动家、中国科学院生物物理研究所名誉会长、中国科学院资深院士。他之所以能取得如此令人瞩目的成就，是因为他永远都对未知的领域感到好奇，并且充满激情地去探索这种未知。

贝时璋出生在农村，人很老实，很少出门，但是他对周围的事物充满了好奇心。他3岁时，被爸爸带到祠堂去祭拜祖宗，祠堂门口石狮子嘴里的圆球引起了他强烈的探索欲望：这圆球既能滚动，又掉不出来，这是怎么回事呢？于是，他开始用好奇的眼光看待周围的一切，经常琢磨着这些"奇异的事情"。

后来，他的父亲带他到上海。一路上，贝时璋看到了以前从未看到过的"新奇"。他看见了拉纤人，看见了船老大把橹摇得飞快，看到了乡下从未有过的轮船，还有船舱里的灯居然没有灯油……贝时璋百思不得其解，一连串的"为什么"使得他对这些东西更加好奇，寻求答案的想法也随之愈演愈烈。

到上海后，贝时璋对看到的一些事情更感"稀奇古怪"了：上海的黄包车是人在前面拉，而家乡的独木车却是人在后面推；上海商店橱窗里有自己会转动的"洋模特"，家乡的那些玩具既简陋又不会自己转动；上海的灯按一下"扳头"就会亮，而家乡的灯不仅要加煤油，还要用火点着才能亮……

短短的上海之行，使得贝时璋大开眼界，同时，也引发了贝时璋心中的无限遐想，勾起了他琢磨这些奇异现象的冲动。

贝时璋上学后，对未知的好奇心变得更强烈。他勤奋地学习各种新鲜有趣的知识，把看到和想到的统统记下来，然后利用学到的知识解释自己以前感兴趣但又没有搞清楚的问题。虽然当时主要学习的是传统的文史知识，古诗词比较多，但是，好奇的贝时璋仍然能够从中找到学习的乐趣。

凭着好奇心和求知欲，他不仅学到了不少天文、物理、化学、数学、植物学方面的知识，还对蛋白质的生命意义有了初步的认识，这开启了他研究生物的大门，为他以后取得辉煌的成就奠定了良好的基础。

事实上，对未知的好奇和探索是创造的基础和动力。在强烈的好奇心的引导下，持之以恒地钻研下去，任何一个普通人都有创造发明的机会。

可以说，对未知抱有探索的激情，是铸就成功和杰出的最重要因素。在未知面前，人们只有在好奇心的引导下，通过探索与求证，才能掀开被表面所遮盖的实物的真实面貌，创造出令人惊异的未来。

自然生长、
进化、创新

那些真正有活力的生态系统，外界看起来似乎是混乱和失控的，其实是组织在自然生长进化，在寻找创新。

进化度，实质就是一个企业的文化、DNA、组织方式是否具有自主进化、自主生长、自我修复、自我净化的能力。我想举一个柯达的例子。很多人都知道柯达是胶片影像业的巨头，但鲜为人知的是，它也是数码相机的发明者。然而，这个掘了胶片影像业坟墓、让众多企业迅速发展壮大的发明，在柯达却被束之高阁了。

为什么？我认为是组织的僵化。在传统机械型组织里，一个"异端"的创新，很难获得足够的资源和支持，甚至会因为与组织过去的战略、优势相冲突而被排斥，因为企业追求精准、控制和可预期，很多创新难以找到生存空间。

这种状况，很像生物学所讲的"绿色沙漠"——在同一时期大面积种植同一种树木，这片树林十分密集而且高矮一致，结果遮挡住了所有阳光，不仅使其他下层植被无法生长，它本身对灾害的抵抗力也很差。

要想改变它，唯有构建一个新的组织形态，所以，我倾向于生物型组织。那些真正有活力的生态系统，外界看起来似乎是混乱和失控的，其实是组织在自然生长进化，在寻找创新。那些所谓的失败和浪费，也是复杂系统进化过程中必需的生物多样性。

——摘自《马化腾致信合作伙伴：灰度法则的七个维度》

延伸阅读

马化腾把整个互联网比作一个可以最大限度扩展协作的大生态圈，而腾讯是其中一个具有生物多样性的生物群落。他期待未来的腾讯成为一个有活力的生态系统，能够自主进化、自主生长、自我修复和自我净化。在这样的系统当中，"创新不是原因，而是结果；不是源头，而是产物"。

其实创意、研发不是创新的源头。如果一个企业已经成为生态型企业，开放协作度、进化度、冗余度、速度、需求度都比较高，创新就会从灰度空间源源不断地涌出。从这个意义上讲，创新不是原因，而是结果；创新不是源头，而是产物。企业要做的是创造生物型组织，拓展自己的灰度空间，让现实和未来的土壤、生态充满可能性、多样性。这就是灰度的生存空间。

马化腾引述凯文·凯利的著作《失控》书中观点称，一个大企业有比较成熟的流程，这会让产品、研发等受限，可能达到某一个高点后就会陷入局部优势，没办法拥有从内部创新和把握新机会的能力。所以创新往往是从边缘地方发展起来，自下而上。如果企业完全自上而下，看好了再往那边走，这样企业往往没有活力，很僵化，尤其在互联网等变化特别快的行业中非常危险，可能不用一年的时间，就会落伍。

马化腾认为，对腾讯来说，一方面是对成熟的业务，用比较稳健的管理方式，另一方面则是对于新兴的模糊地带鼓励自下而上。后者成熟时，不能完全失控，要依靠成熟业务帮助未成熟业务。

比如微信，不是在成熟无线业务里面诞生，反而是在广州研发中心诞生。而一旦微信成型，腾讯全公司力量支持微信、核心的 QQ 关系链、营销资源，包括微博、社交网站都联动起来。这个是一个比较好的范例。"如果说你没有营造一个环境，就会产生很多矛盾。对于腾讯来说，这是一个挑战，也是很多互联网公司会遇到的问题。"

马化腾说，这就好像是大自然的生物进化一样，在不同的环境中会受到不同的外界刺激，会让局部物种产生变化，适者生存，自然会产生一些有差异性的变化，形成多文化多基因的生物。企业的发展也应该顺应这样的潮流。

在形成企业与用户循环、扩展自己生态系统的过程中，腾讯并没有如同百度或阿里巴巴那样的优势。百度一直以来在将自己植入整个互联网，拥有着以 SEM 和搜索广告系统为核心的生态系；阿里巴巴聚集了大量中小企业、网络卖家，拥有电子商务规则制定系统与控制力。除了资源上对企业、开发者和广泛互联网内容的掌握不足之外，腾讯也从未证明过，自己有跳出产品之外的、构筑并运营平台的能力。

现在，腾讯的朋友太少，也没有与腾讯利益链条一致的互联网资源，而在生态系统的竞争中，只靠腾讯自己的一系列产品又远远不够。所以，腾讯现在的开放和平台化进程，相对于阿里巴巴、百度等企业，更需要快马加鞭。

不想做平台的企业，成不了大企业——这是腾讯必须从原来的产品化能力和内生型创新模式中走出来的原因。客观地看，阿里巴巴和百度也一样有着自己的困扰，它们至今也还没有完全走出自己的"历史成功"，比如，阿里巴巴在草根文化和精英文化间的摇摆，百度在短期收益与长期布局间的平衡，这些企业都还在明确的战略与看不见的惯性间痛苦地蜕变。

未来的互联网竞争就是生态系统的竞争，它考验的不仅是简单的产品能力，更是制定规则与坚持原则的能力。而在此之上的，则是一个企业否定自己过去的经验，去拥抱变革的能力。这将决定他们最终的成就。

Business Develop

从筒子楼、平房到多层、高层、别墅；从福利房到商品房，从一家几口人蜗居在不到 20 平方米的斗室里，到现在一家人享受着上百平方米的居室，中国的房子在过去 30 多年从形式、高度、质量等各个维度快速"进化"着，变化之快，令人目不暇接。

从营销时代到产品时代，从暴利时代到微利时代……时至今日，不断演变、分化的房地产业早已形成了一种共识：企业发展的过程就是自我进化的过程，提升产品品质、质量和服务水准，是开发企业赖以生存的"生命线"。

当然不仅仅是房地产业，自我进化和自我完善是每个行业都必须认真学习实践的课题。

以图书网络营销起家的亚马逊公司又有了新动态：国外媒体于近日发表分析文章称，亚马逊似乎已经找到了更赚钱的诀窍：销售更少的实物。

亚马逊 2013 年第一季度的财报显示，公司第一季度营收增长速度放缓，且第二季度的业绩预期令人失望。这也让外界对亚马逊在美国之外的业务是否健康存有疑问。

不过这掩盖了亚马逊美国业务正在进行根本性转变的实质。这家曾专门经营网络图书和其他物品销售的互联网零售巨头，正快速地在数字世界努力做同样的事情。

快速扩展第三方商户业务，将有助于提高亚马逊的利润率。麦格理证券分析师本·沙赫特（Ben Schachter）表示，"从长期来看，此项业务确实有助于提升亚马逊的利润率。亚马逊不需要再把货物放在卡车上，然后发送货物。"

2013 年第一季度，亚马逊净货运费所占销售额的比例为 4.7%，低于上年同期的 5.1%。亚马逊不断扩展零售业务，也导致了公司利润率出现下滑，如让配送中心离消费者更近，向合作伙伴支付更多的资金来为其发送货物。不过与此同时，亚马逊也在激进地进行多元化扩张，增加数字内容、广告和 AWS 云计算服务营收。

值得注意的是，亚马逊首席财务官汤姆·斯库塔克（Tom Szkutak）在电话会议中表示，该公司第一季度最畅销的十款产品全部为数字产品或 Kindle 设备。斯库塔克说，"这是我们第一次看到这种情况。"

从短期来看，亚马逊面临着数个挑战。该公司的业务面临着欧洲经济的萧条，以及难以进入中国等新兴市场的挑战。在中国市场，来自阿里巴巴等竞争对手的压力不断增大。在亚马逊的高管强调了宏观经济挑战之后，亚马逊股价在周四的盘后交易中下跌 3%，报收于 267 美元左右。

不过市场分析师认为，从长期来看，亚马逊激进地向数字内容扩张——如以近乎成本的价格销售 Kindle，免除多半的竞争——将成为制胜的战略。亚马逊当前主要通过使用价格策略，让自己的产品被更多的消费者所接受。

无论是廉价销售 Kindle 电子书阅读器还是 Kindle Fire 平板电脑，或是把订阅用户和点播视频捆绑在一起，亚马逊认为自己能够再次引起用户的注意。随后，亚马逊已经扩展进入原创视频内容制作市场。上周，亚马逊发布了 14 部原创电视剧的试映集，允许美国和英国用户免费观看。

亚马逊同时还蚕食了苹果的数字音乐业务。在过去的 5 年当中，亚马逊在数字音乐市场的份额增长了两倍，规模已经等同于苹果的 1/3。此外，亚马逊的云计算部门 AWS 还向更多的企业提供了数字服务。AWS 去年的营收达到 18 亿美元，预计仍将保持快速增长。

2013 年的第一个季度，包括 AWS 北美业务及广告服务的亚马逊"其他"业务净营收增幅达到 59%。投资公司 Topeka Capital 分析师维克多·安东尼（Victor Anthony）就此表示，"亚马逊确实在调节其货运成本。AWS 是这一努力的重要组成部分，广告营收也让亚马逊从中受益。我们认为这种情况仍将得到改进"。

从单纯地在互联网上销售图书，到现在将触角伸向多个领域物流、影视、广告，等等，亚马逊的业务进化是惊人的，值得更多企业警觉和借鉴。像亚马逊一样被时代的洪流推着进化的企业并不少见，但是如何审时度势，自我进化，自我完善，做一位好"舵手"，使企业不在洪流中翻船，是每一位企业家需要深入思考的问题。

TENCENT

微信支付

第九章
属于你、我、他的未来世界

互联网化，是未来商业浪潮的主旋律，未来所有企业都将成为互联网企业。产业融合、大家互助互利，共同谱写华彩乐章。

大同天地　竞争 + 远望 + 融合 = 共赢

做质量上
有口碑的精品腾讯

不是比用户多、产品数量多，而是希望真正做到质量上有口碑，提到腾讯就是精品。

未来如何才能成功？回归到金钱的主题，就是如何"关注用户，打造精品"。

腾讯过去十几年做了大量的产品，基本上业界数过来的产品我们都尝试过了，但是大家觉得精品不太多，主要在平台产品和网游方面。未来我们需要作一个大的转变，从数量到质量，也就是怎么从"腾讯数量"怎么变成"腾讯质量"，不是比用户多、产品数量多，而是希望真正做到质量上有口碑，提到腾讯就是精品。

如果未来要赢，最关键是看我们是不是能够做出用户真正喜爱的产品，我们在座的同事是不是真正发自内心地喜欢做这件事，这样才有激情、动力去做。这对我们未来产品质量的要求和控制方面都提出了很高的要求。

——2012 年马化腾在腾讯年中战略管理大会上的讲话

延伸阅读

2012 年 5 月，腾讯公司对组织架构进行了重大调整，面对人员越来越庞大、层级越来越复杂的现状，腾讯究竟该如何走好接下来的路？2012 年 9 月 20 日至 21 日，在深圳龙岗召开的 2012 年中战略管理大会给出了明确的答案——"聚焦用户，打造精品"。

"聚焦用户，打造精品"，这是腾讯 2012 年中战略管理大会的主题，也是腾讯下一步务实发展、稳步前行的可靠路径。会议期间，来自全国各地以及美国、韩国等海外分公司的近 130 名中、高层管理干部齐聚深圳龙岗，围绕"精品"战略展开讨论。除了产品，组织管理也成为本次会议的重要议题。会议认为，经过组织架构调整后的腾讯，更应该在专业领域精耕细作，打造优质用户平台，不断满足用户的内在需求。

会议期间，马化腾指出，在产品上公司需要转变，从数量到质量，真正做到质量上有口碑，出精品。在管理上，要从粗放式的成长到精细化的发展，更多地把精力放在内部，挖掘人员的潜力。希望管理干部能够齐心协力，聚焦用户，打造精品，并且推动公司管理的转型，打造精兵强将组成的队伍，为用户创造更大的价值。

回顾腾讯的业务状况，刘炽平总结说，在 2012 年上半年，腾讯在平台侧和业务侧的表现是令人鼓舞的，但各领域依然存在挑战。在社交、游戏、媒体、安全、无线、电商、搜索、国际等方面，刘炽平给出了不同的改进意见。除了产品方面的改进，刘炽平再次强调深化组织变革的重要性。互联网快速发展导致原有组织架构过时，组织割裂、管理臃肿、产品的提升和激活成为公司迫切需要解决的管理问题。刘炽平认为，公司必须打造一支以用户和产品为中心，并且对自己高要求的团队，这样才能在下一轮残酷的互联网竞争中获得胜利。

Business Develop

"微信团队"这个简单而神秘的名字，像极了美国大片中对敌人造成致命一击的神秘团队。如果说，2003 年以前腾讯只干了即时通信（IM）一件事，从而奠定了腾讯帝国的基础，那么，2011 年以后的辉煌应该属于微信。

2011 年 1 月 21 日，腾讯推出一款通过网络快速发送语音短信、视频、图片和文字，支持多人群聊的手机聊天软件——微信。用户可以通过微信与好友进行形式上更加丰富的类似于短信、彩信等方式的联系。

2011 年 1 月 21 日，微信诞生；2012 年 3 月，微信用户达 1 亿；2012 年 9 月 17 日，微信用户破 2 亿；2013 年 1 月 15 日晚，官方宣布微信用户数过 3 亿。从 2 亿到 3 亿，仅用了不到 4 个月时间……

这样一个撒手锏式的产品，不仅改变了腾讯在人们心中的形象，也让马化腾自己下定了做精品的决心。以往腾讯看见一个新市场领域，就推出一款新产品，现在这种做法已经不适用了。马化腾提到，产品的重点要从"数量"变为"质量"，做出令用户喜爱，令自己感到激动的产品。

"精品战略"的重点是回归本源。马化腾说："我们过去自主或不自主地经常被行业的噪音所误导，有时候头脑发热，做一些现在看起来很傻的事情。"这些很傻的事情包括在早年 SP 时代，包括网游初步试探找不到方向的时候，包括电子商务、搜索、团购等。他指出，腾讯之前"忘记了自身的条件，忘记了我们的根基在什么地方"。现在，腾讯产品战略的变化，可以用一句话概括："有所为，有所不为。"

精品，究竟是什么？腾讯公司 COO 任宇昕用"不精品，毋宁死"这 6 个字道出了腾讯公司做精品的决心。他说："精品是一种战略，不能为了做精品而做精品；精品是一种生活态度；精品也是人类追求美好生活的本能。"

那怎样才能打造精品？前提是要聚焦用户。腾讯公司 CTO 张志东认为世界瞬息万变，与腾讯公司创立之初相比，用户对产品的包容度越发严苛，唯有因时而变，明白用户需要什么，确确实实把用户价值放在第一位，才能取得长远的发展。

"大回响、大影响"的力量

"大回响、大影响"的力量将帮助产业融合，为社会创造价值。

　　互联网产业在经历了"注意力经济"、"服务体验经济"后，将进入"影响力经济"时代。同欧美发达国家一样，未来中国的互联网也将更多地与传统行业深度整合，体现互动平台的价值，也会有更多的企业开始在网络中和他们的用户建立健全的品牌关系。

　　腾讯本身也是这种趋势的倡导者和实践者。目前，已经有很多与人们日常生活息息相关的企业开始尝试利用腾讯的平台与消费者进行线上品牌沟通。"大回响、大影响"的力量将帮助产业融合，为社会创造价值。

　　网络的空间是无穷的，网民的创造力也是无穷的。腾讯愿意与全体用户以凝聚2.3亿的个体之力来推动互联网时代的变革进程，以释放2.3亿个体的汇聚之力来展现每个网民的个性力量。让我们一起"大回响、大影响"，构筑一个全面汇聚文化观念的互联网和谐社区。让世界回响希望，让生活演绎精彩！

　　　　　　　　——摘自《马化腾：让我们一起感受"大回响、大影响"》

延伸阅读

　　在2007年之前，在多数人眼里，腾讯的品牌形象模糊不清，没有一个人可以清楚地用一句话来描述什么是腾讯。"这在品牌上是一个很大的问题。"2006 年加入腾讯，负责优化公司及重点产品品牌策略的刘胜义这样评价当时腾讯的品牌。

2007 年腾讯的"大回响、大影响"品牌广告，是腾讯公司历史上第一次大规模投放新品牌广告，"释放 2.3 亿用户之影响力"的广告词中激荡着腾讯对新品牌高度的热情和豪迈。

在 2007 年的除夕之夜，有近 50 万来自世界各地的海外华人同胞通过腾讯平台观看春晚，与国内的亲友在线守岁；"神六"发射的时候，有超过 20 万的网友通过腾讯平台签名祝福；在腾讯举办的"大河之旅"环保活动中，也有 30 万网友参与了倡议保护黄河的网上签名。

刘胜义表示，腾讯品牌战略的升级主要来自网民日渐强大的影响力的推动。他表示，来自腾讯的统计显示，腾讯用户已经成为中国最活跃的网民群体，每个网民都希望借网络表达自己的思想和情感，获得共鸣，作为服务最多中国网民的互联网企业，腾讯所希望提供的就是这样一个为中国网民提供"大回响、大影响"的网络互动平台。

在此背景下，腾讯宣布了"大回响、大影响"的品牌战略，在上海、北京等一线城市大规模投放新的品牌广告。与此同步启动的，则是腾讯借机对即时通讯、门户、游戏和个人空间等四大业务的重新整合。

腾讯此举的目的在于整合旗下各个产品线，全面提升在线生活平台，改变外界长期以来对其所持的"低龄化、娱乐化"的品牌印象，并延伸品牌的覆盖。

Business Develop

市场上各类品牌竞争不断，如何使自己的品牌在竞争之中脱颖而出呢？品牌与品牌之间，名牌与名牌之间，仍然有强有弱，有突出、有一般。打造响亮品牌，品牌竞争力就处于强势地位，就是名牌。反之，品牌就处于弱势或劣势，久而久之，就会危及品牌的生命。

响亮品牌的特征不是企业主观臆造的，而是消费者在生活中积累的结果。品牌与消费者有着亲密的关系，这种亲密关系很多时候并不是建立在高技术之上，而是建立在品牌的整合传播上的。在消费者心中留下了清晰、良好并且长久印象的品牌，才是响亮品牌。

响亮品牌的突出特征是准确而有力的品牌定位，以及由定位而塑造的鲜明的品牌个性。明确而有力的品牌定位，是打造响亮品牌的基础。品牌定位是品牌传达给消费者"产品为什么好"以及"产品与竞争对手的不同点"的主要购买理由。这种理由必须直观，易为消费群所理解和接受。

尽管谷歌在美国已是一个家喻户晓的知名品牌，但是仍通过宣传活动打造自身的品牌影响力。谷歌的联合创始人兼 CEO 拉里·佩奇，正带领谷歌大力简化产品和服务，通过对产品品牌的广告宣传，使自身产品更具吸引力，与消费者之间的关系更加紧密。

谷歌的战略与受众紧密相连，通过自身的投入和创意，谷歌向人们传递着富有情感的品牌形象的广告模式。谷歌希望能让用户感受到另一个与众不同的谷歌，而非仅仅将谷歌搜索当作一个有用的工具。因此，尽管谷歌一直是在搜索有效性方面占据主导地位，谷歌仍然不断提醒人们记住它的使命、它如何给人们的生活带来影响，以及它问世以前人们的生活状态。

2010 年，谷歌通过广告讲述一对坠入爱河的年轻人的故事，首次推出了其广告产品的大规模宣传活动，这则广告在当时产生了很大影响。2011 年，在更加注重全国性的电视广告等媒介中推动品牌宣传活动的同时，谷歌还采取了开展以谷歌为主题的研讨会的方式，宣传其在线广告品牌。

谷歌还为 Chrome 浏览器量身打造了一个广告——"亲爱的索菲"，这则广告记录了一位慈爱的父亲，通过谷歌 Gmail 的便笺、图片存储及视频上传等多媒体功能，记录下女儿索菲成长过程中每一个重要瞬间的故事。很多观众看完这个广告，都被其深深感动，甚至情不自禁地流下了眼泪。

通过创新和传播手段，谷歌让其品牌更加响亮，不但提升了品牌价值，还扩大了影响力。但是，打造响亮品牌的手段并不仅有这种形式，要打造品牌影响力，企业可从定位、品质、创新和传播四个路径入手。

1. 产品定位：没有品牌的规划和战略定位，企业就会显得很茫然。如同做产品一样，一旦企业在细分市场中找到目标消费群，这个产品不管是奢侈品还是大众产品，都能给自己找到很好的定位。

2. 提高品质：品质的基础是质量，当高质量的好产品给广大消费者带来安心和信任时，消费者才能真正对它产生好感，口碑由此而产生。如果没有好的品质，产品就很难获得消费者的青睐。

3. 产品创新：创新是产品的生命力，不断创新的产品才能充满活力。一旦产品疏于创新，会很容易被市场上同类产品迎头赶上或超越，从而失去市场占有率，渐渐走向没落。

4. 做好传播：品牌只有传播做得好，影响力才能真正产生。传播只有根据市场规律和市场的路径去做，才能提高传播速度，扩大受众面，增加影响力。

不要
零和游戏，要共赢

对我们来说，不是把一块肉割出
来给大家分，而是大家互助互利、共赢。

《21世纪经济报道》：你认为，3Q大战对腾讯的正向作用还有哪些？

马化腾：正向作用挺多的。除了刚才提到的加快步伐、改变做事方式，还有就是统一思想，平衡相关利益。在此之前，腾讯内部有争议的声音——好的东西为什么要跟其他人分享？为什么给人家做和我们竞争？3Q之后，这种争议不再有了，大家把这个危机变成机遇，把正确的事情加快脚步向前推进。

《21世纪经济报道》：腾讯的开放，在管理方面遇到的挑战如何解决？

马化腾：从组织架构来说，对内、对外的研发保持相对独立，对配备的人力资源提前规划。我们也成立了一个组织委员会，统一协调管理事务。

《21世纪经济报道》：你如何评价腾讯开放对中国整个互联网产业的影响？

马化腾：我觉得，其实不是谁影响谁，大家都是出于自身的角度。对我们来说，不是把一块肉割出来给大家分，而是大家互助互利、共赢。如果我切给你，这是零和游戏，不叫共赢。大家只有共赢，才能长远共同走下去。

——马化腾接受《21世纪经济报道》采访

延伸阅读

2010 年，腾讯与 360 进行的一场"3Q 大战"成为腾讯公司开放、合作的导火索。

在那场由 360 发起的对腾讯 QQ 及其增值服务的"屠龙"袭击中，腾讯因为作出的 QQ 客户端与 360 客户端不兼容的"艰难决定"，顿成舆论众矢之的。两家公司因为各自绑架自身用户的做法，引发了用户的极大不满。这场大战使得腾讯品牌形象降至最低点。

必须找到更好的方法去赢得市场，这成了两家公司的共识。那之后，马化腾对外表示，腾讯将进入为期半年的"战略转型筹备期"，转型的原则是"开放与分享"。

随着 Q+ 的推出，第三方开发商也可以以合作者的身份，与腾讯一起为 QQ 用户提供更细致、更有针对性的服务。马化腾说，经历此次事件后，公司也在反思开放性不足的问题，过去很多业务的确是依靠内部力量，今后愿意拿出一些服务与行业内厂商进行合作，希望更多的草根网站能够分享腾讯的平台。

马化腾特别提到了对中小开发者的扶持政策。他认为,腾讯推出分成新政,将分成体系向中小创业者倾斜。在应用进入平台的头几个月，考虑到中小创业者的资金不充足，会通过一定的机制把收益返还给他们，这是与开发者的共赢。

2011 年 6 月 15 日，腾讯公司董事会主席兼 CEO 马化腾发表演讲，提出面对互联网未来的"八个选择"，并宣布腾讯要打造一个规模最大、最成功的开放平台，扶持所有合作伙伴再造一个腾讯。

腾讯公司还宣布成立腾讯产业共赢基金，预计投资规模 50 亿元，后来又扩至 100 亿元。腾讯计划在两三年内投完 50 亿元的大部分,主要关注网络游戏、社交网络、无线互联网、电子商务以及新媒体等领域。腾讯还集中披露了几起投资案例，包括 QQ 炫舞的开发商永航、网页游戏七雄争霸的开发商游戏谷、手机游戏帝国 Online 的开发商拉阔等。

腾讯公司目前是这笔产业共赢基金的唯一投资方。马化腾表示，该基金的主要使命是投资产业链上的优质公司，更好地服务腾讯开放平台上用户，"只要是优质的企业，有远大的理想来给海量用户提供优质服务，我们都会考虑。"

根据相关部门研究分析，随着移动互联网产业快速发展以及其明朗的前景，传统互联网企业、终端企业等将加快向该领域的渗透，将服务延伸至移动互联网，并通过企业间互相合作，互利共赢，布局移动互联网全产业链。

中信银行、开心网、赶集网、佳品网等纷纷推出新的移动终端客户端以加紧布局移动互联网入口；金山词霸、高德则将服务延伸至移动互联网产业，推出其客户端；中国电信创新孵化项目出炉，通过创新移动业务应用，布局移动互联网。

DeNA 和新浪微博、阿里巴巴支付宝和儒豹等企业间互相利用自身发展优势，向移动互联网全产业链延伸，互惠互利，合作共赢。

俗话说"独木难成林"，企业也是一样，面对瞬息万变的经济现状，独孤求败是不可取和不明智的，唯有合作共赢，才能在时代风浪中保有一席之地。

Business Develop

互联网需要分享，只有充分开放才能吸引更多的用户。在中国的互联网市场上，开放平台之争成为当前最大的热点之一。无数成功事例已经证明，互联网开放是未来发展的一种必然趋势。

基于苹果和安卓的开放平台，《愤怒的小鸟》一举成名；因为开放平台，Facebook 用了不到 5 年的时间成长为一个世界级的公司。这些有目共睹的成功让互联网巨头们意识到了开放的力量，而腾讯、百度、新浪、MSN、奇虎360、UC、际通宝等也在追赶这次开放的潮流，一场开放大战正在互联网市场打响。

艾瑞咨询集团总裁杨伟庆表示，"开放共享是互联网的大趋势"。不管是腾讯、百度、新浪、谷歌，还是阿里巴巴、奇虎360、际通宝等互联网大佬都在高呼"开放"。

中国互联网协会理事长黄澄清表示："互联网发展到今天，不仅仅是产业自身的发展需要走向开放，更重要的是向传统的产业、服务渗透，集成传统产业服务业的价值，也需要互联网走向开放。把一个消费型和娱乐型的互联网引导为向服务型和生产型的互联网转变，也需要开放策略。"

如果所有互联网平台开放的话，那么行业之间的界限将会越来越模糊，所有的企业似乎都成了互联网公司，甚至也包括传统企业。而在这个开放平台的过程中，一些曾经的非互联网公司只要抓住开放的机遇，找准自己的定位，那么，其未来的发展将大大加强。

企业间的开放共赢主要包括资源、技术和利润的共享。

际通宝 CEO 丁国栋在记者采访中表示，"我们的目标就是把际通宝做成真正体现行业特性、满足行业多样化需求，又能进行品牌整合的行业网站集群平台"。一方面围绕企业对电子商务网站的多样化需求，依据不同行业的特性来开发行业相关的个性化功能，从而使行业用户在电子商务应用中的行业特性需求得到有效解决；另一方面则用际通宝总站企业的共性需求进行整合与流转，最终达到的还是电子商务与传统产业整合与分享的目的，实现与传统企业的互利共赢。

要想过渡到新的商业模式，让企业生存并发展下去，开放平台是必然趋势。际通宝电商平台的开放，给传统企业提供了一个合作共赢的良机，这对互联网行业来说也是一种创新。在全球互联网都在走向开放的时代，互联网企业在发展的同时也必将与传统企业融合并和谐成长。

人无
远虑，必有近忧

腾讯不会把利润放在账面上，而
是更加希望把很多利润投入长远的发
展中。

《经济观察报》：在当前情景下，腾讯在进行战略选择的时候，考
虑的关键点是什么？

马化腾：腾讯还是立足长远。腾讯不会把利润放在账面上，而
更加希望把很多利润投入到长远的发展中。中国未来的3年绝对是中
国网民增长非常关键的3年，之后的增长可能会放缓，进入一个比较
稳定的时期。这个时候如果过分谨慎、丧失机会的话，对未来长远发
展是不利的。当然，可能会对利润等有影响，这要看企业自身的情况
和是不是立足于长远的心态。

目前的经济环境是挑战也是机遇，腾讯的一些板块发展增长会受
阻，但是有一些板块会发展得更快。

——马化腾接受《经济观察报》采访

延伸阅读

马化腾说："2008年9月中旬腾讯率先展开校园巡讲，宣布将从深圳等
全国17个城市40余所高校招聘700名新员工，工作岗位涵盖软件工程、产
品策划、网页及UI美术设计、专利管理等，逆势与微软、谷歌等'抢人'，
储备人才，以应对在更多市场领域扩张的需要。"

"腾讯将积极拥抱未来的机遇与挑战，并正在进入一个新的投资周期。"马化腾在 2010 财年财报发布会上表示，除了持续投资现有业务，腾讯还将在微博、电子商务、搜索及网络安全等一些新的战略领域进行大量资本投入。

腾讯上一次大规模投资发生在 2005 年，当时腾讯围绕"在线生活"进行了大笔投资，不过很少采用外部投资的方式，而是通过投资公司内部的研发等部门来进行，最终令腾讯在游戏、门户、互联网增值服务等领域快速发展，成就了之后腾讯的黄金五年。

俗话说："人无远虑，必有近忧。"对于企业的发展来说也是一样，只有目光长远，才能使企业长盛不衰。

Business Develop

培训业领军人物，头顶"中国跆拳道运动发起人"、"行动成功学创始人"、"中国新盈利模式之父"等光环的李践在 TOM 户外传媒集团担任了多年总裁，其间与李嘉诚有过多次接触。"从李嘉诚先生身上，我学到了很多东西，至今依然影响着我。"李践呼吁企业家多向李嘉诚这样的知名成功企业家学习如何决策。

"我从李嘉诚那里学会了不做短期投资。"李践说，"对一个项目的审核，首先看是否符合公司现在的发展，其次是否符合远期发展方向。即使你告诉我，多短时间就赚多少钱，我也不会心动的。"

看重现金流也是李嘉诚真传。"有一种死法叫短见长投，短期资金长期投资，银行贷的钱是短期的，但拿这笔钱长期投资一个项目，你的现金流就会短缺，企业只能去借高利贷。"

不拘泥于短期的利益，不做短期的企业行为，这是每一个成熟的企业应该具备的基本素质，只有加强企业间的合作，设定长远的目标，企业才能持久地保持生命力。

在国际金融危机带来的不利影响下，企业坐等形势好转，并不是明智的选择。在抓住已有的市场，缩减成本，提升效率，以平稳度过危机的同时，积极关注企业长远发展之道，培育企业的核心竞争力，是在下一轮竞争中获胜的关键。这里面有几个重要抓手：

一是抓结构调整。虽然国际金融危机带来负面影响，但同样也给企业调整自身产业结构带来了新契机。一些原材料价格下降时，企业则具备更有利的条件进行高附加值产品的开发，或采取有效措施开发利用已有资源，尽快形成新产业。

二是抓基础管理。中国企业的短板在管理，企业发展的潜力也在管理。一个大型中央企业仅仅靠落实物资的集中采购这一管理措施，就可以减少几十个亿的支出。苦练内功，就必须夯实基础管理，走质量效益型道路。管理链条的压缩，集团管控的增强，等等，都会降低企业成本，从而可以提高资源利用效率。

三是抓技术创新。科技实力是企业参与市场竞争的利器。此次国际金融危机中，我们也清楚地看到，一些企业纷纷倒闭的同时，不少高科技企业却表现出较强的免疫力。鲜明的对比折射出科技的重要性。而越是困难的时候越要注重技术创新。尤其是知识密集型企业，不能因为一时的资金短缺就放弃技术创新的持续投入。

四是抓人才储备和培训。人才是企业的战略性资源。当企业能够让员工充分发挥自己才能的时候，企业就能够获得丰厚的回报。事实上，在国际金融危机到来之前，人才短缺的问题一直困扰着不少企业，那时候很难找到优秀的人才。国际金融危机使一些企业出现短期行为，这给其他企业提供了人才储备的机会。

当然，在寻求企业发展长远之道的过程中，要提倡的是创新精神。人们在遇到危机的时候往往能表现出最好的一面。碰到困难的时候，往往也是创造力迸发的时候。创新包括产品、技术、市场的创新，也包括管理制度的创新。

打开
未来之门

让我们一起怀着谦卑之心，以更
好的产品和服务回馈用户，以更开放
的心态建设下一个12年的腾讯！

现在是我们结束这场纷争，打开未来之门的时候。此刻，我们站在
另一个12年的起点上。这一刻，也是我们抓住时机，完成一次蜕变的机会。

也许今天我还不能向大家断言会有哪些变化，但我们将尝试在腾
讯未来的发展中注入更多开放、分享的元素。我们将会更加积极推动
平台开放，关注产业链的和谐，因为，腾讯的梦想不是让自己变成最强、
最大的公司，而是变成最受人尊重的公司。

让我们一起怀着谦卑之心，以更好的产品和服务回馈用户，以更
开放的心态建设下一个12年的腾讯！

——摘自腾讯12周年马化腾致全体员工信
《打开未来之门——12年之际的感悟》

延伸阅读

马化腾邀请《失控》一书的作者凯文·凯利来中国，进行一场关于互联
网的对话。马化腾问的问题有关于垄断，也有关于隐私。他最后的问题是关
于未来，"我想知道，对于整个互联网的生命来说，人类已经处在它的哪个阶
段？或者说，未来十年，我们能够达到哪个阶段？"

马化腾曾经提出一站式服务的概念，现在的腾讯帝国能够提供社交、购

物、游戏、新闻等大部分互联网公司可以提供的服务。腾讯在国内互联网公司的市值排名中位列第一，这个庞大的公司有高企的股价，却面临增长放缓的事实。

艾瑞咨询集团的分析师由天宇指出——腾讯最大的优势在于庞大的用户基数和渠道推广能力。"这是一个宏观的优势，具体业务能否成功还在于具体的策略制定。"

2012 年 12 月 14 日下午，主题为"主动变革、聚焦精品"的腾讯 2012 年度员工大会隆重举行，会上，公司 CEO 马化腾和公司总裁刘炽平分别就 2012 年公司战略和业务进行了全面的总结，并对新一年的发展思路进行了扼要的展望。

马化腾提出在管理改进方面的期望和 2013 年的关键词：

"第一是减肥。不是裁员，大家不用怕，因为我们明年的人数按照预算还增长了，只是要控制快速增长。我们过去的打法就好像几个相扑运动员，或者摔跤运动员，你往东西南北四角冲，就是看你能干掉多少人，就往前冲，就这么简单，很粗放……现在发现打法不同了，现在是打球赛了，要技巧型的，你很胖、很壮没有用，要团队配合……

"第二，要求大家不要本位主义。不能说我的 BG 怎么样长大，我的部门怎么样，我管的人越多越好……这是错的，你管的越多，那是分母，你的业绩是除以人数的；如果你的团队很能干，你做出的事情好，才说明你的业绩好，你的能力好，我们一定要做出改革。在下半年我们做了很多组织变革，在明年初我们就要开始对产品、人员资源做很多梳理。

"第三，对管理干部提出要求。因为要做精品，要聚焦，我们对管理干部的要求就很严格了。最核心的观点是各级干部都要关注产品，关注一线，关注用户的反馈，而不是简单地去管人、管进度。"

最后，马化腾说："总体来说，现在还是很兴奋的，因为，起码目前，我们已站在比较好的位置。等于赛跑半程过后我们站在了比较好的位置，跑在前面，后面能不能跑得更快，能不能和团队配合得好，就要看大家了。希望明年我们再谈的时候有更好的进展和大家分享！"

末日之后怎么办？仅仅是意识到，仅仅停留在口头上"消费危机"肯定不够。这个下半场对于腾讯以及所有互联网公司来说，并非完全是顺承的，很多地方可能是全新的；在增量红利之后，更多是结构性的变革，是更大的挑战。

Business Develop

曾经有两个企业都想在某郊区投资地产，并各派了专人前去调查那里的情况。

结果 A 企业的人在考察之后，向公司报告说："那里人口稀少，房产业发展机会渺茫，房子修好了也没有人来住。"

而 B 企业的人则在考察之后，向公司报告说："该地虽然人口稀少，但那里环境优雅，人们厌倦了城市的喧嚣，定会喜欢在那里生活。"

果然不出 B 企业所料，随着城市包围农村，城里人越来越向往农村生活，尤其是一些农家乐，办得如火如荼，所以 B 企业的投资是明智的。

A 企业的人员鼠目寸光，只看见眼前事物的表象，而 B 企业的人却高瞻远瞩，从表象里预见到未来。B 企业的远见卓识远远高于 A 企业。如果一个企业的领导像 A 企业的人一样目光短浅，那么，他的动作很可能都是短期行为，而如 B 企业那样见识过人，眼光放长远一点，就能使企业获得长远的利益。

近年来，迅速崛起的中国新领军者企业，在步入全球化的进程中还显稚嫩，步履蹒跚。这其中既有新领军者企业自身实力不够强大的因素，也有对国际规则知晓不够，更有缺少国际视野和长远战略思维支撑的原因。

在美国《财富》杂志公布的 2008 年全球企业 500 强排行榜上，联想集团首次进入全球 500 强企业的榜单。联想集团董事长杨元庆认为，对于成长型的企业，有 3 个要素非常重要，即必须要有自己的核心竞争力、懂得怎样在全球范围内进行合理的资源配置，更应有战略眼光。"成长型企业能够为自己设定远大的目标，并及时根据环境的变化来进行调整。"杨元庆说。

迅速发展，快速成长，让中国的新领军者企业把眼光越来越多地投向国际。天士力产品进入非洲、欧洲和美洲等 16 个国家及地区的主流医药市场。在去年夏季的大连达沃斯年会上，有 4 家德国公司在看完"爱国者"数码相机、移动存储、MP4 等实物后，当场要求成为其代理商。

然而，经济全球化要求企业领导人具有战略眼光和全球视野，并全面了解全球经济大势和前沿问题的最新动向。全球化的征程也意味着新领军者会面临更多的风险与挑战。德勤全球首席执行官吉姆·奎格利认为，金融危机、通胀，环境、资源这些问题会给新领军者国际化带来挑战。

面对这些问题，企业家要有责任感和长远的战略思维，需要跳出传统思维定式，用创新和富有想象力的办法，来加以解决。追赶者总是要付出更多的努力，新领军者要想超越世界 500 强，必须更清醒地认识到：在一个不同文化、语言和价值观共存的世界中发展企业，比以前任何时候更需要长远的战略眼光。

中国互联网
上的一盘大活棋

这是一个千载难逢的机会，可以让中国纯移动互联网产品走出去。

走出去是很多中国企业的梦想，过去基本上是制造业走出去了，像通信领域的华为、中兴，家电行业的海尔、格力、美的、TCL，但中国信息产业或者第三产业（包括所有的服务行业），在国际化方面还比较落后，也从来没有成功过。

过去中国所有的互联网模式基本上是从美国拷贝过来的，起步时间晚，且国外的模式相较成熟，所以，中国互联网企业走出国门，几乎是不可能的事情。

如今，移动互联网浪潮席卷全球，甚至连很多国际互联网巨头也没有准备好，他们也会受限于以前PC或者网络服务和习惯的牵绊，很难做到一个纯移动互联网化的新服务和产品，这就给中国企业一个很好的机会，因为，亚洲的手机市场和普及程度在比西方发展得快，像以前的短信，是中国最热、最火的移动应用。这是一个千载难逢的机会，可以让中国纯移动互联网产品走出去。

当前，美国的几大公司也在积极发力追赶。从全球市场来看微信类的产品，美国主要有WhatsApp，但WhatsApp在美国用户不多，美国用户好像不太习惯用WhatsApp，因为他们很少用短信，反倒是亚洲、欧洲等其他国家的用户热衷于该应用。亚洲当地市场占有率最大的，有腾讯微信（海外版本叫Wechat），日本的Line，韩国的Kakao talk，其中，腾讯对Kakao talk进行了小部分投资。

其中，日本的 Line 和腾讯的 Wechat 在国际化道路上最为激进。两者在诸多市场都有交锋，不管在中国香港、台湾，还是印度，甚至西班牙语系的欧洲国家，都在开始做推广，包括在手机广告系统上投放广告，找当地的合作伙伴做线下推广。双方的投入挺大，都看到了未来的商机，所以都加大了投入。

腾讯也跟 Line 一样，在同一个月内，设立了美国办公室，同时加紧拓展欧美市场。但拓展美国市场其实是最难的，因为，当地最强的是 Facebook，Facebook 也做了 Facebook Messenger，但是，现在看起来好像还受到其原有体验的影响。

另外，图片分享公司 instagram 对 Facebook 业务有很大冲击，所以，Facebook 不惜代价买了下来。但基于手机的应用，很多新的东西不断出现，全球都在面临一个剧变的时代，竞争可能是要按天计算。

——马化腾"两会"期间在京接受媒体采访

延伸阅读

十八大报告提出要"加快步伐走出去，增强企业国际化经营能力，培育一批世界水平的跨国公司"。当前，互联网的竞争与合作已成为当今世界国际竞争与合作的重要组成部分，也是未来国际竞争中处于科技发展最前沿的竞争，唯有自身做大做强才可能拥有世界舞台的话语权。

因此，培养一批具有国际竞争力的互联网企业与品牌，将互联网企业"走出去"提升为国家战略已迫在眉睫，势在必行！

用横空出世形容微信并不为过，不到两年时间，其用户量就突破 3 亿。更让人兴奋的是，微信不仅在中国大行其道，更让人看到了中国互联网产品进入国际市场的曙光。现在，微信在中国港澳台、东南亚等十多个国家和地区的发展势头都不错。

2013 年 2 月 25 日消息，腾讯的一封内部有关于微信的全员邮件透露，腾讯将在美国成立微信美国办公室，负责美国微信用户的发展与研究、公司客户关系建立及合作拓展等业务。

微信的目标很明确：国际化就是对外的，对内说多少话都没用，重要的是让国外能听到。因此，微信在国际化过程中推出了全新的国际版官网和名称，放出多国语言版本的同时，还在 Facebook 上建立了与对应语言的国家和地区的官方主页。

玩转国际化，是微信的机遇和挑战。马化腾透露，微信已经开始尝试到美国、西班牙等地推广，但这个过程并非一帆风顺。腾讯已经意识到，在微信征战国际市场的过程中，相关问题会接踵而来。

"互联网企业'走出去'承载了经济、商业、文化、社会等多种元素，是一个国家、一个民族国际竞争软实力的象征。"全国人大代表、腾讯公司董事会主席兼首席执行官马化腾表示，"走出去"刻不容缓。

马化腾认为，中国互联网企业"走出去"就是培养一批国际一流，被各国广泛使用、普遍接受，有世界影响力的互联网知名品牌。"走出去"，可以向全球输出文化，增强中国文化软实力，提升国家形象。

Business Develop

2013 年 3 月，腾讯公司董事会主席兼首席执行官马化腾第一次参加全国"两会"。此次马化腾带来的三份建议主要与互联网与科技相关。这三份建议分别是《关于实施互联网发展战略，加快经济社会创新发展的建议》、《关于将互联网企业"走出去"提升为国家战略的建议》，以及《关于营造良好自主创新环境，促进科技创新企业发展的建议》。

马化腾在提案中提出，"中国互联网企业'走出去'就是培养一批国际一流，被各国广泛使用、普遍接受，有世界影响力的互联网知名品牌。互联网企业走出去承载了经济、商业、文化、社会等多种元素，是一个国家、一个民族国际竞争软实力的象征"。

马化腾说，在历史上，每一次工业革命都为后发国家提供了赶超的"机会窗口"，但中国并未抓住前两次工业革命的机遇。当前，在新一轮技术革命趋势中，中国不能再次"旁落"，应大力发展互联网产业，培养、扶持一批跨国互联网拳头企业和拳头产品，以此加强国际竞争力和国际战略地位。

在建议中，马化腾指出，在国与国的竞争中，互联网的竞争与合作既是重要组成部分，又处于前沿位置，各国政府都在积极布局。比如，2011年，美国发布"网络空间战略"，强调互联网在国家安全层面的重要性。欧盟方面也有类似的举措。

2012年3月，美国又公布"大数据研发倡议。"这是继1993年美国宣布"信息高速公路"计划后的又一次重大科技部署，大力推动对数据的高效开发利用，增强其掠夺和先期开发别国数据资源的能力。

以上种种信息表明，国际社会对网络空间规则体系主导权的争夺已日趋激烈。因此，马化腾认为，中国政府也应该因势利导，重点扶持一批互联网企业走向国际舞台。

目前，包括腾讯、百度、阿里巴巴等在内的国内互联网企业一直在尝试迈向国际市场。马化腾认为，更多本土互联网产品将成功国际化，中国互联网企业必将在成为国际舞台主角，为中国赢得历史性的战略先机。

在马化腾看来，要将互联网产业作为战略性产业加以扶持，国家应该在财税、投融资、技术创新、知识产权、人才、市场环境培育、重点领域和关键环境改革等方面对互联网企业给予扶持，在设立专项资金、完善税收政策、加强基础设施、高端人才储备等方面给予配套政策。同时，政府主导，企业配合，加强互联网与传统文化的深度融合，充分发挥互联网企业和传统文化企事业单位的各自优势，鼓励双向进入和资源整合。

除此之外，国家还应该推动符合产业发展和利益的移动互联网新产品的发展壮大，这有利于激发企业创新能力，有利于互联网企业国际化进程。

马化腾以华为和中兴为例，指出这两家企业"走出去"的十多年中一直保持高速发展，得到了国家的大力支持，不但没有对其加以限制，相反在税收、资金、出口政策等领域给予了一系列优惠政策，使华为、中兴积极创新，抓住了宝贵的赶超机遇，经过十几年的拼搏发展，跻身世界电信制造商前列，树立了"中国制造"的新标杆。

第十章
终极梦想，永恒的信念

以给社会带来价值为标准，以让人们的生活更便捷、更精彩为义务，成就腾讯帝国的辉煌。

美好世界　**责任 + 信念 + 态度 = 成功**

谁是这个时代
最受尊敬的互联网企业

> "**最受尊敬**"有 3 个标准：一是口
> 碑；二是要具备做事的实力；三是社
> 会责任。

腾讯要成为最受尊敬的互联网企业。"最受尊敬"有 3 个标准：

一是口碑。我坦承，有些服务做得不够好，用户功能和用户体验也把握得不够好。

二是公司实力。不是要争第一或第二，但要具备做事的实力。

三是社会责任。腾讯正在筹备一个千万元以上规模的基金会，主要面向青少年教育。

——摘自《第一财经日报》

延伸阅读

2006 年，马化腾和腾讯的高层们专门开会讨论了这样一个问题：腾讯最终要做成一家什么样的公司？最后，会议得出的结论是："受尊敬"的公司。这家员工平均年龄 20 多岁，以娱乐为主的公司，自上而下都显得老成持重。而在此次会议之前，马化腾就曾多次公开谈及腾讯的愿景：腾讯要成为最受尊敬的互联网企业。

很多人都曾问过马化腾，腾讯的未来怎么走？实际上，在腾讯刚刚成立时，这就是腾讯创业团队的一个共同话题。很多人都希望腾讯未来成为中国最大的互联网企业，成为市值最高的互联网企业，或者是成为收入和利润最多的互联网企业。

然而，马化腾将公司的发展远景定位在"成为最受尊敬的互联网企业"上。谈及这个愿景，马化腾坦言："腾讯很清楚自己的责任，我们的任何经营行为都可能会影响到上亿的用户，甚至会影响到整个行业的风向，只有得到用户的尊敬和爱护，才能确保腾讯未来的健康发展。"

那腾讯如何做到最受尊敬？马化腾认为，全体员工都共同拥有、理解和执行的腾讯企业文化起到正确引领的作用。

首先，不断地承担起更多的使命和社会责任，依托自身的网络平台和资源优势，去促进社会和谐繁荣。

其次，腾讯要成为一家利用互联网技术和服务提升人们生活品质的企业，让腾讯的产品和服务像水和电一样普遍地融入人们的生活，去丰富人们的精神世界和物质世界，让人们的生活更便捷、更精彩。

再次，腾讯要成为一家一切以用户价值为依归的企业，凭借"正直、尽责、合作、创新"的价值观，时刻保持对用户需求的敏感，重视用户的体验，超水平地满足用户的期望。

在他看来，腾讯对于社会、用户的责任和价值贡献将在很长的时间内成为腾讯需要重点关注的战略问题。

腾讯是中国互联网企业中一个比较低调的公司，随着企业不断成长，在求发展过程中如何将企业的经济效益和社会效益结合起来，是马化腾关注的重点。

随着腾讯实力的强大，马化腾明显感到能力越强，担子越重，责任也越大。腾讯不是一个孤立存在的企业，它和非常多的合作伙伴、企业、社会、政府、用户息息相关。马化腾说："企业的社会责任不仅仅是为股东负责，或者为投资人负责，或者为员工负责，更重要的是要为用户、社会承担起重要的责任。"

随着2006年马化腾启动腾讯慈善基金会以来，腾讯已有了一个很好的平台来承担企业社会责任。马化腾希望腾讯能够承担更多的社会责任，也希望带动行业和社会其他有能力去投入的企业做得更多，能够一齐为中国的高速发展贡献自己的力量，最终实现社会的和谐发展。

Business Develop

当任正非在 1994 年提出振聋发聩的十年狂想，"10 年之后，世界通信行业三分天下，华为将占一分"时，没有人相信会有真正实现的那一天。当年华为的产值在 100 亿元左右，员工约 8000 人。虽然企业规模已经不小，但距离世界领先企业的规模还很远。

而这一天虽然姗姗来迟，但总算在以任正非为领袖的华为人执著的努力下，成为现实。小小的华为公司竟提出这样狂妄的口号，也许大家会觉得可笑，但正因为有这种目标作导向，华为才有了今天的成就。

事实上，自成立以来，华为与国际行业巨头间的距离正在逐渐缩小。这一年华为的研发经费是 88 亿元，相当于 IBM 的 1/60；这一年，华为的产值是 IBM 的 1/65；华为的研发经费是朗讯的 35%，产值是它的 4%。差距虽然很大，但每年都在缩小。在任正非看来，若不树立企业发展的目标并以此为导向，就无法使客户建立起对华为的信赖，也无法使员工树立远大的奋斗目标和发扬脚踏实地的精神。

据中华英才网的总裁张建国回忆，1990 年，仍处于草创阶段的华为仅仅 20 多人，但"任老板很能激发年轻人的激情，经常给我们讲故事，讲未来"，用理想与未来引领年轻人的热忱与投入。回眸华为发展的 20 多年来所经历的风风雨雨，我们很难想象，如果没有任正非对伟大理想与抱负的坚守，华为究竟会发展得怎样。

"在这样的时代，一个企业需要有全球性的战略眼光才能发愤图强，一个民族需要汲取全球性的精髓才能繁荣昌盛，一个公司需要建立全球性的商业生态系统才能生生不息，一个员工需要具备四海为家的胸怀和本领，才能收获出类拔萃的职业生涯。"

当任正非说出这句话时，许多将要奔赴海外战场的勇士们激动得热泪盈眶，激情满怀。而理想的实现，是用愈挫愈勇的斗志、用屡败屡战的精神来完成的。正所谓艰难困苦，玉汝于成。海外战场，华为人用了整整 6 年时间，才总算有所突破，并最终超过国内市场销售额。

成功的企业愿景就好比预言，具有唤起员工行动的力量。一般来讲，愿景的言语应该是平实的、易懂的，但又必须具有无法抗拒的力量，让每一位员工在做出重要决定和行动时都会自问："这符合我们的愿景吗？"

用愿景来指导工作，是一门深邃的管理艺术，同时也是企业不断发展的一种战略方法。成功的企业愿景必须致力于满足客户的深层次需要，从生存需要、信息需要到发展需要和情感需要。同时，也必须根植于企业全体员工发自内心的共同愿望。

腾讯眼中
的企业社会责任

在腾讯看来，社会责任对企业而言不是可有可无的事情，而是必须承担的义务。

社会责任对企业而言不是可有可无的事情，而是必须承担的义务。腾讯眼中的企业社会责任，主要可以从 3 个维度来体现：

一是从用户维度看企业的社会责任，就是能否最大化满足用户需求，为用户创造价值。

二是从企业自身的维度看企业的社会责任，就是能否遵纪守法、创造就业、依法纳税，对用户、员工、股东、社会承担必需的义务。

三是从社会的维度看企业的社会责任，就是回报社会，关注公益，维护行业环境。

古语云："十年磨一剑。"站在十年的节点上，我们首次发布了企业责任报告。这其中凝聚着我们对过去十年社会责任践行的总结和思考。展望未来，中国企业尤其是互联网企业的企业公民建设正在起步，如何更好地与企业发展结合，体现时代和行业特点，需要社会和行业持续探索。

我们倡议更多中国本土创业成长起来的优秀企业共同关注社会责任。唯有如此，企业才能基业常青，共促社会和谐进步。

——摘自《马化腾：责任让十年腾讯稳步前行》

延伸阅读

马化腾认为，积极履行企业社会责任不但是中国网络文化企业义不容辞的社会责任，也是每一家企业公民应尽的义务，更是整个网络文化产业和谐、持续发展的保障。

2008 年 11 月 11 日，马化腾发布了第一份企业社会责任报告。2008 年，腾讯步入 10 年。10 年之际，腾讯已发展成为目前中国最大的互联网综合服务提供商之一，也是中国服务用户最多的互联网企业之一。

马化腾强调社会责任的重要性："10 年来，在中国，没有哪一个产业像互联网一样，如此形象突出地成为中国高速发展与开放的符号，它表现出中国经济的巨大潜力和独特性，同时也带来了种种新的挑战。新的形势、新的机遇也在不断促使我们每天思考，如何去创造社会价值，寻求企业和社会的协同发展，真正将企业建设成为受人尊敬的百年老店。"

如今，在成长与承担、开放与共赢的命题下，腾讯又走过了风雨兼程的 5 年。无论是赢得赞扬还是遭受批评，为用户提供最优质的产品和服务，始终是植入腾讯灵魂深处的信念，也是腾讯要向数以亿计用户表达的最朴素的心声。对用户肩负的责任和使命，让腾讯变得更加成熟，也更加自信。

马化腾清楚地意识到腾讯身上的责任，腾讯的任何经营行为都可能影响到上亿的用户，只有得到用户的认可，腾讯才能健康发展。对于社会和用户的责任与企业经营的协调发展将一直是腾讯重点关注的战略问题。

马化腾也曾表示："我们将坚定地与合作伙伴们携手共进，让开放成为能力，让分享通过制度落实；我们将怀着敬畏之心，努力推进整个互联网产业的健康、持续、和谐发展，让互联网创造更美好的世界；我们将创造更好的服务，爱惜每一名默默奉献的员工，用满意的员工构建一支能支撑起亿万用户需求、承载中国互联网发展梦想的强大团队。"

Business Develop

所谓企业的社会责任，是指在市场经济体制下，企业除了为股东追求利润外，也应该考虑相关利益人，即影响和受影响于企业行为的各方利益。在 20 世纪 20 年代，随着资本的不断扩张，出现了一系列社会矛盾，诸如贫富分化、社会穷困，特别是劳工待遇和劳资冲突等问题日益被重视，于是"企业的社会责任"被提出。

很多企业家在刚开始创业的时候，就把为众人服务作为企业的目标。譬如比尔·盖茨，他在创业之初就已经把"让千万人都用得上电脑软件"作为目标；譬如山姆·沃尔顿，他发誓要建立一种既便利又廉价的商业形态，沃尔玛帮他实现了这一理想；再如马云，他刚开始创业的使命就是"让天下没有难做的生意"。当然，光有使命是不行的，必须产生财富，这样，自身创造的价值才能得到人们的认可。

阿里巴巴的创始人马云觉得一个伟大的公司当然也需要赚钱，但是光会赚钱的公司不是伟大的企业。阿里巴巴最重要的原则之一，就是永远不把赚钱作为唯一目标。他觉得，伟大的公司首先能为社会创造真正的财富和价值，可以持续不断地改变这个社会。这就是一个企业拥有社会责任感的表现。

在当下社会，企业社会责任已成为检验企业核心竞争力强弱的标志，拥有社会责任感是企业生存和持续发展的必要条件。一个优秀的企业公民，或称企业社会责任的先行者，应该以社会责任（CSR）战略为自己的社会责任原点。如何制定 CSR 战略，才能对企业本身、对社会、对环境都有重要意义，往往是一个企业决策者尤为关心的问题。

拥有抗流感药物"达菲"专利的瑞士制药公司罗氏集团，在面对蓄势待发的新一波全球瘟疫时，采取了应对措施以确保全球药量供给充足，包括在自己承担所有开支的情况下建立全球生产网络，以确保能够满足"万一"出现的巨量需求。身兼 INSEAD 社会创新中心主任的沃森霍夫提出了疑问："该公司还要做些什么才算尽到社会责任？毕竟，企业不是慈善机构。"早在 20 世纪 90 年代，罗氏就着力促请各国政府积极应对流行病毒，但各国政府置若罔闻。

罗氏于 1999 年在全球推出了抗季节性流感药物达菲，并一年生产 2000 万剂，不久就爆发了禽流感并很快蔓延到亚洲各国。

尽管缺乏政府部门的支持，罗氏公司仍然决定把达菲生产量从原有的 2000 万剂增加到 5500 万剂。而在 2005 年，由于美国政府要求罗氏供应 2 亿剂达菲，公司决定在 2006 年年底前把产量提高到 4 亿剂。

随着禽流感爆发造成的死亡案例并引发恐慌，各国政府一改之前置若罔闻的态度，并对达菲趋之若鹜。2007 年年初，罗氏收到近 80 个国家 2000 万剂达菲订单。罗氏同时也致力于研究延长达菲的保质期至 5 年以上。

"迄今为止，这一切费用都由罗氏承担，公司基本上把它视为企业社会责任的一部分，"沃森霍夫说。瑞士制药公司罗氏集团的做法充分体现了将履行社会责任作为战略部署的组成部分，具有重要的现实意义。

企业社会责任战略是一项任重道远的长期战略，它不仅需要企业长期持久地坚持下去，更需要全社会重视企业社会责任问题的企业不断深入探索和实践。现在，越来越多的企业意识到社会责任战略作为 CSR 管理龙头的重要管理意义，一部分治理先进、管理现代的上市公司已经初步建立或正在尝试建立符合本企业发展需求的 CSR 战略。

在管理实际操作层面上，通常将企业社会责任战略规划分为两个层次，一个层次是长期规划：一般时限为 3～5 年，用以明确长期战略方向和总体投入等关键因素。另一个层次是当年战略实施规划：一般时限为 1 年，即当年年初制定，用来指导本年度战略实施。企业责任风险识别结果、企业核心竞争力、企业所在行业的关键成功因素、企业整体商业战略等因素都将成为制定 CSR 战略的必要步骤和依据。

第一，有关责任风险的识别依据。社会责任风险相比一般的商业风险对企业的破坏力更强，甚至关乎企业的生死存亡。大部分责任风险来自于企业自身责任现状与市场环境综合作用的结果。企业社会责任风险识别是制定企业社会责任战略的基础，是满足战略属性的重要信息依据。

第二，企业社会责任战略规划在企业管理中必不可少。在企业的总体战略中，企业社会责任战略要同企业的整理战略融会贯通。如果责任超前会给企业造成资源浪费，而责任滞后会磨损企业的竞争力。

第三，行业的属性决定企业社会责任战略规划的制定。通过对于行业属性、行业现状的研究得出行业关键成功因素，再将此与其余因素进行有效匹配，可以得出行业因素对企业责任战略规划的影响。

第四，企业社会责任战略规划的制定影响企业核心竞争力。提起企业竞争力，企业管理者最先想到的是人才、技术、供应链等，这些均对企业社会责任战略规划的制定有重大的影响，主要体现在战略实施的过程中各利益相关者的权重比例上。

构建网络
公益，释放爱的力量

**我们希望携手万千网民成为社会
公益事业的实践者、推动者和倡导者。**

  腾讯建立慈善公益基金会，很多朋友和用户关注我们为什么要做这样的一件事情，还有更多的朋友希望与我们探讨，如何发挥行业的特长，利用互联网来助公益一臂之力。如果说腾讯在做第一件公益活动的时候只是单纯地想帮助其他人，从而使自己也能体会到帮助的快乐，那么，在随后的公益经历中，我们对于公益事业的思考则更多来源于用户给我们的启发。

  在腾讯发展的近10年中，QQ对人们生活的改变真的让我们始料未及。用户的厚爱让QQ成为当今最普及的沟通方式之一，也让QQ不经意间成了网民发挥自我价值、参与和贡献社会的重要平台。

  在QQ、QQ群上，博客和论坛上，每天都有很多的用户自发组织起来关注公益、关注环保、关注弱势群体，这是一种热情而蓬勃的萌芽力量，我们每天都在关注并且重视着这种变化：互联网其实也把美好人性的释放、社会的进步与和谐紧紧"互联"。

  我们渐渐也认识到，我们这个世界的一切都是息息相关的，无论是从企业经营的角度、用户实现价值的角度，还是发挥社会影响的角度看，在社会范围内承担公益责任，传播爱心的力量，是社会共同的重要价值。

  因此，我们在近年对公益事业有了更深刻的理解和更多的想法。当我们具备更多的能力和途径去投身公益事业的时候，我们成立基金会，初期将投入超过 2000 万人民币用于基金会的启动，今后每年都将会从企业的利润中提取一定比例，作为对基金会的持续投入。积极务实地去组织开展公益活动，是腾讯投身公益的基本指导方针。

腾讯公益基金会除了将大力参与环保、教育、文化遗产保护、救灾扶贫帮困等社会公益慈善事业之外，还将积极开展具有腾讯品牌和社会影响力的公益活动，借助腾讯及 QQ 品牌的影响力，向更多人传递公益和爱心的理念，帮助青少年树立健康的社会价值观念，塑造良好的社会公益氛围。

腾讯是一家非常年轻的企业，建立公益基金会，搭建公益平台，我们只是期望能在公益方面身体力行，携手万千网民成为社会公益事业的实践者、推动者和倡导者。

——摘自《马化腾：构建网络公益 释放爱的力量》

延伸阅读

在取得巨大成功的企业家群体中，马化腾是一位年轻的后来者，但在慈善事业上，他出发得并不晚，堪称一位年轻的先知先觉者。

也许因为自身年轻的原因，也许因为 QQ 就是年轻人的平台，马化腾的慈善从一开始就有一条明确的线路图：从小做起，从心做起。

2006 年，腾讯出资 2000 万元人民币发起设立腾讯公益慈善基金会，这是马化腾的第一个大手笔，其目标就是改善更多青少年的生活条件。之后，马化腾的着力点也一直放在青少年资助与教育之上，腾讯慈善公益基金会先后与中国儿童少年基金会、中国青少年发展基金会等建立联系，也正因为此，2007 年 6 月，马化腾荣获"中国儿童慈善家"荣誉称号。

与很多企业家做慈善侧重于捐款不同，马化腾利用腾讯的传媒平台优势，立足于培育慈善文化。腾讯不仅自己成立基金会，直接对外捐赠，而且与中国儿童少年基金会、中国扶贫基金会、李连杰壹基金等多家专业慈善机构合作，为他们提供资讯传播、在线捐赠、网络义卖等公益服务。

同时，腾讯还利用 QQ 巨大的信息群优势，以腾讯公益网，以志愿者参与平台和公益组织运作平台开展公益项目，通过志愿者服务、资金捐赠、公益活动等方式提供网民全面参与的平台。通过巨大的平台传递爱心，让全社会都来关心公益、投身公益，共同关注弱势群体，以及未成年人的健康成长。

在成功缔造一个互联网王国之后，马化腾正着力打造一个慈善的希望工程。

腾讯于 2006 年 9 月，发起设立腾讯公益慈善基金会，并制定了长期的公益战略和规划。2007 年 6 月 22 日，腾讯公益慈善基金会正式获得国务院、民政部批准成立，成为中国首家由互联网企业发起的公益慈善基金会。腾讯公益慈善基金会为民政部主管的全国性非公益基金会，由腾讯公司捐赠原始基金 2000 万元成立。

腾讯公益慈善基金会的宗旨是"致力公益慈善事业，关爱青少年成长，倡导企业公民责任，推动社会和谐进步"。其从事公益事业的核心策略为"一个平台，两个互动，三大方向，基于互联网释放爱心的力量"。

一个平台指的是以腾讯公益网（www.gongyi.net）为基础的网络公益平台。两个互动是指通过这个互联网公益平台，让中国众多公益慈善组织与热心公益的网民互动起来，让需要帮助的人与热心公益的组织和个人互动起来。三个方向分别是指：帮助——帮助需要帮助的人，通过切实投身到各类公益活动和公益项目实践中，帮助更多真正需要帮助的人；参与——提供简单、便捷的通道让网友参与公益，依托腾讯公司的核心优势，通过互联网提供便捷、透明、简单、多样的参与方式，让网友和普通民众体验公益、参与公益、监督公益；辐射——向更多人传递公益理念和爱心，依靠腾讯强大的媒体影响力和多元化平台传递公益信念和爱心，塑造良好的社会公益氛围，推动更多的组织和个人投身公益。

第七届中华慈善奖于 2012 年 4 月 9 日在北京举行颁奖仪式，对 2011 年度在中国慈善领域做出较大贡献的个人、企业和项目进行表彰。腾讯成为获奖企业中唯一来自深圳的企业。腾讯于 2009 年首次获颁中华慈善奖后，2011、2012 年蝉联获奖，是唯一一家三次获得中华慈善奖的互联网企业。

随着业务的快速发展，腾讯连年来的捐赠也大幅度上升，目前已累计捐赠超过 3.4 亿元，腾讯携手亿万网友在青少年教育、扶贫、环保、救灾等众多领域开展超过 100 项公益项目。

中国人民大学新闻学院副院长喻国明给予腾讯高度评价，"创造和聚敛财富是一种能力和才华，使用和分享财富是一种品格和境界。"

从一款即时通讯工具到一幅网络生活的全景图，腾讯的美丽蜕变有着许多不同解读：也许是其 QQ 强大的用户黏性和对用户心理的准确把握，因此，无论涉足哪个领域，QQ 的忠实用户都会顺势迁移、转化为庞大的流量和潜在的现金流；也许是由于腾讯无参照模板带来的无束缚，让它不必按照任何一种模式规划自己的成长路径；也许是因其践行社会责任，从商业上的成熟走向管理上的成熟。

对此时的腾讯而言，此时正是一个积累和沉淀的时刻，也将是一个回望而后向前的全新开始。

Business Develop

如果，没有手，也没有脚，我们的世界会怎样？我们还能做什么？或许我们会说："没有了手和脚，我们什么都做不了。"但是，尼克·胡哲说："No arms, No legs, No worries!"这个"没有四肢的生命"用生命的奇迹告诉我们没有双手照样可以拥抱世界，没有双脚照样可以把足迹镶嵌在每一个大洲。

尼克·胡哲于 1982 年出生在澳大利亚的墨尔本，他是个天生没有四肢的人，却用他的感恩、不屈的斗志，奏响了一曲曲生命的颂歌。尼克拥有双学位，还是国际公益组织的总裁，并于 2005 年获得"杰出澳洲青年奖"。现年 30 岁的他已经走访了 20 多个国家，与数百万人分享了他充满励志激情的人生故事。

哀莫大于心死，如今，很多青少年悲观失望，不懂得感恩。他们最需要的是一支强心针，一个领航者，尼克·胡哲无疑是最佳的人选，让这样一个人来华进行励志演讲会感动、激励更多的青少年，让更多的青少年知道奋进，懂得感恩。

为了达到这样的目的，腾讯公益于2010年12月发起澳洲著名残疾人励志演讲家尼克·胡哲以"感恩的心·回馈社会"为主题的大型公益励志讲座及慈善活动。

尼克的3场演讲，分别是在北京的中国农业大学体育馆、上海的华东师范大学体育馆和深圳市民中心礼堂进行的。尼克每一次出场都是一次激情澎湃的序曲，会场里的掌声经久不息。尼克的演讲幽默而真诚，他以自己的亲身经历告诉在场的人应该如何面对人生。在演讲现场，没有四肢的尼克·胡哲神奇地为大家献上了一段精彩的打击乐。他用自己的"小鸡脚"灵巧地触碰着不同的按钮，让电子乐器发出激情的节奏。

在现场，尼克甚至整个身体都趴在讲台上，然后用头努力顶着桌子，并用脚将身体撑起来，在大家持续不断的掌声中，他终于直起了身，重新站立起来，并且情绪高昂地对大家说："看，跌倒了可以站起来，一次不行可以再次尝试。你可以跌倒，但你不可以成为一个失败者。"对于那些没有理想的人、没有顽强斗志的人、不懂得感恩的人，尼克的演讲无疑是最强劲的精神振奋剂，它给人以灵魂的洗礼，让那些沉醉在自我世界里的人顿悟、觉醒。

2010年"感恩的心·回馈社会"大型公益讲座及慈善活动取得了良好的效果和社会的一致好评。为了激励更多的青少年，腾讯公益于2011年5月再次邀请尼克来到中国，主题仍为"感恩的心·回馈社会"，这次中国行的演讲地点是西安的西北工业大学和武汉的中南财经政法大学。尼克·胡哲一如既往地保持幽默和饱满的激情，他的经历和乐观心态感染着在场的每一个人。

公益是什么？公益是奉献，是把一颗拳拳之心交给社会，为社会添砖加瓦。不要把数字当作衡量公益的标准，因为，公益的血脉里流淌的是爱心。只要用心做，再小的浪花也是公益的完美绽放。社会缺乏什么，就为社会增添什么，这才是公益之大者。

让关爱成为常态，
给孩子们一个未来

世界的改变不是少数人做了很多，
而是每个人都做了一点点。

履行企业社会责任，一直都是腾讯义不容辞的实践。在这里，我还想跟大家分享一下，腾讯做公益的一个很重要的理念，那就是世界的改变不是少数人做了很多，而是每个人都做了一点点。刚刚结束的残奥会，我们看见许许多多自强不息的人们和他们的奋斗。

我想，只要我们每个人都奉献一点点，特殊儿童的明天，就有改变的希望，他们就能够拥有，他们本该拥有的精彩人生和未来。不仅能独立生活，还能贡献社会，甚至成为奥运冠军。

孩子就是未来，关爱儿童健康是全社会共同的责任。腾讯将继续推动互联网与公益慈善事业的深度融合，通过全公益平台，塑造全新的公益生态，推动业界的精诚合作，让关爱成为常态，让我们一齐，给孩子一个未来！

——摘自《马化腾：通过全公益平台，塑造全新的公益生态》

延伸阅读

2012 年 9 月 15 日，深圳市爱佑和康儿童康复中心开幕仪式在深圳举行，该项目由腾讯公益慈善基金会捐赠 1000 万元，打造国内首个高水平的专业儿童自闭症与脑瘫康复机构。依托该项目，腾讯公益慈善基金会将与爱佑慈善基金会一起探索中国慈善事业的新领域、新模式，积极推动中国病患孤贫儿童医疗救助及康复事业的发展，腾讯公司董事会主席兼首席执行官、腾讯公益慈善基金会荣誉理事长马化腾出席活动并致辞。

马化腾在此次讲话中也总结了腾讯公益慈善基金会的收获："作为中国第一家由互联网企业发起成立的公益基金会，腾讯基金会今年也迎来了 5 周年的纪念日。5 年来，腾讯公益'致力公益慈善事业，关爱青少年成长，倡导企业公民责任，推动社会和谐进步'的初衷和宗旨始终没有改变。

"目前，腾讯已累计向基金会捐赠超过了 3.46 亿元，与此同时，还有超过 292 万的爱心网友，通过我们打造的全公益平台，捐款总额超过了 9200 万元。其中特殊儿童的关爱与救助，一直是腾讯、腾讯公益合作伙伴和网友们持续关注，并且一直努力的领域。2010 年 1 月，腾讯基金会匹配捐赠网友爱心基金 1000 万元，携手爱佑开展的'网救童心'项目，已经成为最受网友喜爱的其中一项腾讯月捐计划。

"在这里我很荣幸，能够和大家分享以下几个数据：截至目前，'网救童心'的爱心捐款超过 773 万元，参与的网友超过 19.5 万。截至今年 8 月底，网友的爱心和我们一起，救助了 1045 个病患孤贫的孩子。今天在这里，我也借这个机会，感谢我们的公益合作伙伴，更感谢和我们一路同行的亿万爱心网友。"

Business Develop

格桑花，是一种生长在高原上的普通花朵，杆细瓣小，看上去弱不禁风的样子，可日晒和风吹得越猛烈，它开得愈灿烂。在藏语里，它是寄托了幸福吉祥等美好情感的花朵，也是高原上生命力最顽强的一种野花。

2012 年，一个名为"格桑花爱心餐"的公益项目在互联网上悄然走红，让千万名网友将目光投向西藏高原上那些美丽盛开的格桑花，以及一群拥有灿烂笑容的孤儿身上。这个计划的发起人宛如格桑花般绽放在公益路上，她，就是 Lethe Zhang 。

在 MIG 无线国际产品部任职的 Lethe 已经在腾讯工作了 7 年，在同事和朋友们的眼里，她是一个很有个人魅力的"御姐"，热心直爽、果敢干练。然而更多的人了解 Lethe 是因为她的另一个身份——腾讯志愿者。

自 2008 年加入志愿者协会以来，她组织了"相伴成长"灾区儿童认养、"温暖你我"冬衣捐赠、"爱心图书室"捐赠，以及"格桑花爱心餐"等多个公益项目，和志愿者们一起，为那些需要帮助的人们做了很多传递温暖的行动。

2008 年以前，Lethe 和大多数人一样，对世界上发生的苦难"选择性失明"。"我老公是个很有爱心的人。在网络上看到有人需要救助，马上就会汇款过去，"她笑着说，"我还因为花销太大跟他吵过架。"

2008 年 5 月 12 日，汶川地震，震中所在地离 Lethe 的故乡绵竹仅一山之遥。第二天中午，她终于打通嫂子的电话，得知了灾民们的状态：24 小时没有进食，药品短缺。天依然下着雨，大家都不敢进屋睡觉。亲人的困境让 Lethe 真正意识到苦难中人们对于援助的渴求。于是，她立刻采取了行动。一方面，她购买了几千元的药品和绷带等寄往成都，托亲戚发给需要的人；另一方面，她联系腾讯志愿者协会，迅速组织公司内的系列赈灾活动。

两个月后，Lethe 根据成都分公司同事收集到的名单，到四川绵竹地区挨家挨户地走访，寻找需要帮助的单亲或孤儿家庭，并根据基金会的建议将这个项目起名为"相伴成长"。公司内认领孩子的网页上线后，30 多个孩子的帮扶任务瞬间被善良的同事们"一抢而空"。相伴的 5 年里，帮扶团队每年都会去四川和孩子们联欢。

从中秋节送月饼，元旦通过视频送祝福，到后来带孩子们参观熊猫馆、世博会，一起帮助敬老院老人……他们通过这些活动和孩子们紧密地联系着，向孩子们传递着关爱和正能量。

在此过程中有许多值得回忆的细节，比如 2009 年冬天，公司副总裁奚丹和志愿者们一起去一个名叫蔡小龙的孩子家。一路上小龙的自行车掉了 6 次链子，每次奚丹都默默下车帮他安装好，再亲切地调侃和鼓励他几句，然后继续前行。上初中的小女孩严敏曾对上学的意义产生质疑，志愿者们则轮流开导她。

他们还为此组织了带孩子们参观四川大学受教育的活动，帮助孩子们认识到知识的可贵和无知的可怕，孩子们回来后都知道努力读书了。

一年年过去，孩子们从最初的伤痛中逐渐康复过来，变得懂事和体贴。志愿者们也收获了帮助别人带来的感动。有一年，她给孩子们录制诉说心愿的视频时，大多数孩子的心愿都是"考上大学"，一向沉默的李静却说"我的心愿是长大后，像你们一样做一名志愿者"。

这些点点滴滴的故事让 Lethe 意识到，虽然彼此生活的圈子很遥远，但志愿者们对于孩子们来说非常重要，他们的一举一动都会给孩子们的成长带来深刻的影响，他们点点滴滴的关怀和鼓励就能改变孩子们的生活轨迹。他们在这个过程中是快乐无比的。

财富
对我没什么影响

QQ 不是工作，是兴趣。

记者：目前，QQ 对你来说意味着什么，是一种工作还是一种事业？你目前的工作状态是怎样的？

马化腾：已经不再是一种工作了，对我来讲是种爱好，而且是生活的一部分。我上班晚、下班晚，晚上在家里上网，算一半工作，一半自己的时间。

记者：现在的你对财富是怎么看的？从什么时候你开始意识到自己是有钱人？

马化腾：我没觉得自己特别有钱。都是普通家庭出来的，这么多年我们家的生活习惯也没有大变化，顶多房子大一点。

记者：如果现在作评价，今天的成功有多少跟这个时代赋予的机遇有关系？

马化腾：我觉得机遇很重要，我们也不觉得自己特别聪明，有团队、有公司的股份结构和投资者的合理搭配，这是很重要的。更重要的是时代的因素，很多机遇是外界赋予的，这方面我们自己觉得很幸运。

——2008 年马化腾接受采访时的讲话

延伸阅读

为人处世低调、性格内敛的马化腾，在 2008 年 10 月 30 日发布的福布斯中国富豪榜中以 107.4 亿元排名第九。而在 2012 年 10 月 12 日，在《福布斯》

发布的 2012 年福布斯中国富豪榜单中，马化腾以 403.2 亿元位列第四，2013 年以 405.1 亿元位列新财富 500 中富人榜第四。

拥有如此巨大的财富，难免不被外界提及。谈及与日俱增的名气，马化腾一如既往地低调："我是在普通家庭中长大的，没什么特殊的。我和家人的生活习惯都没有什么变化，潮州人习惯喝粥，现在也一样，住的房子顶多是大了一点。还有，创业的时候是单身，现在成家了，有了小孩，要多分配些时间照顾家里。除此之外，对我的生活基本没有什么影响。"

面对巨大的个人财富，马化腾则说："我没有关心过股价、股票，每天股价涨涨跌跌，我觉得它没什么变化。"而面对今天的成功，他将之更多地归功于时代的给予，更加感谢腾讯团队、公司的股份结构和投资者。

更多的时间里，马化腾把自己"藏"在那个精心布置的办公室里。他不用经常出现在员工面前，公司的许多重要事务也都是由总裁或者首席运营官出面，他很少阅读管理方面的书籍，他甚至仍然学不会沉下脸，批评做错事情的员工，但是一个更加规范和职业化的腾讯也许根本就不需要他来做这些事情。

马化腾一如既往地低调，他觉得自己"不可能有资格说大话"。创业的艰辛已经远去，财富没有改变马化腾的工作方式，他仍会"晚上如果不上一下网，再看一看人数、服务器，老觉得漏了什么东西"；财富没有改变马化腾的个性，他不活跃也不外向，"我的朋友，或是同学或是网友，遇到了，交往多了，也就固定下来。我是不擅长主动结交的"。

财富也没有改变马化腾的生活习惯，马化腾多次表示："对衣服没有什么偏好，如果没有正式活动，我都喜欢穿一些 T 恤之类休闲一点的衣服。"至于名牌，马化腾更是没有太多的概念，好在有夫人的指点，小马哥才有了一些基本认识。

财富总会带来一些压力，马化腾最多的消遣方式就是和同事们去 K 歌，偶尔也会去打打乒乓球。至于上网，除了腾讯的网站，门户的科技频道是马化腾经常去的地方。国内几个著名的 IT 论坛他仍然会去泡，偶尔来了兴致，他还会去国外几个专业的 IM 技术网站交流交流。

Business Develop

企业家的真正财富究竟是什么呢？

一个有关洛克菲勒的故事诠释了一切：洛克菲勒自小生活贫寒，甚至捡过破烂，后来靠石油投资立业致富。鼎盛时期，他的财富曾经达到美国国民财富的 1/47；20 世纪初美国经济大萧条时期，联邦政府曾经向他借过钱。可他并没有因巨富而改变自己的平民生活本色：在出差与旅行中，他总是选择坐飞机的经济舱、住一般旅馆，而他的儿子则选择了坐头等舱、住豪华旅馆。这种反差让人奇怪，有人问他这是为什么，他的回答是："因为他的父亲是个富人，而我的父亲是个穷人。"

企业家的真正财富并不是货币积累，而是企业家精神！

企业家的真正财富，绝不是表面的金钱化的货币积累，而是由其信念、道德、品质、态度、方法及其实践共同形成的内在企业家精神！正是凭借自己的企业家精神，很多企业家尽管出身贫寒、可能受正规教育也不多、创业资本多数有限，但他们善于识别机会、敢于实践、大胆挑战、百折不挠、不断提升，从而成就了日后的事业，创造了财富，也赢得了财富。要了解企业家的真正财富是企业家精神，否则会犯大错误，对于个人是这样，对于社会也是这样。由于对企业家真正财富认知的错位，一些人普遍忽视了企业家金钱财富背后的宝藏——企业家精神。

放眼世界，无论是传统产业的洛克菲勒、福特，还是现代产业的比尔·盖茨、乔布斯……企业家精神都是他们成为顶级国际企业家的核心支柱。

企业利益
与社会责任的良性互动

在"利"的基础上要更加注重企业的"义"。

都说腾讯现在成了互联网行业最赚钱的企业，自然其"利"可观；而腾讯在很大程度上又改变了人们的沟通方式，又是一种"大义"。

但不管怎样，做企业不能只以赚钱为目的，在"利"的基础上要更加注重企业的"义"，这样才能成为一个受人尊重的企业。

——摘自《第一财经日报》

延伸阅读

腾讯之"利"可观，之"义"曾遭网友质疑，他们认为腾讯收费项目过多，有些收费不尽合理。马化腾回应说，腾讯改变了人们的沟通方式，这要算一种"大义"，他自己就收到过通过QQ找到伴侣的喜糖，何况收费不是强制性的，而是摆出来可供选择的，"如果免费服务也做成收费，那市场肯定就不答应。"

如今面对甚嚣尘上的微信收费的问题，腾讯及时站出来辟谣，并坚决表示：微信不会收费。

儒家有一种思想叫"义以生利"，意思是说行义也能产生利。这就要求企业在自身发展的同时，也要勇于承担社会责任，积德行善，多行义举，积极参与社会公益事业，报效国家，回馈社会。

这些行为虽不能为企业带来直接的利润，反而还需要企业付出一定的额外费用，但从长远来看，能使企业在社会公众心目中树立起良好的形象，极大地提高企业的知名度和美誉度，为企业发展创造一个和谐的外部环境，这反过来又使企业受益匪浅，实现企业利益与社会责任的良性互动。

得天下者得民心，眼里只有"利"而没有"义"的企业终究会得不偿失，自食苦果。

Business Develop

印度圣雄甘地在 20 世纪提出毁灭人类的"七宗罪"，其中一宗就是"没有道德的商业"。

对于商业伦理的缺失的现状，曾任 IBM（中国）全球企业咨询部运营战略首席顾问的白立新曾说，企业家在天堂门口的时候，上帝不问你的企业有多大，他会问你做大企业的过程中有过多少伤天害理的事；上帝不问你的企业有多强，他会问你做强之后是否善待客户员工和伙伴；上帝不问你的企业有多久，他会问你长久时间里，消耗了多少石油、天然气、煤炭、淡水、新鲜空气等不可再生的资源！

企业赢利与否本来与道德无关，但企业以什么样的方式赢利或亏损，则不得不考虑是否有违道德。《史蒂夫·乔布斯传》中介绍苹果营销哲学一段里，作者描述乔布斯时强调，"你永远不要怀着赚钱的目的去创办一家公司，你的目标应该是做出让自己深信不疑的产品，并创办一家生命力很强的公司。"

《世界经理人》杂志曾针对 1500 余名企业经理人做了一项调查，其中，近八成的受访者认为，企业之所以失败，就是因为商业道德的丧失。除此之外，认为"急功近利，没有长远发展目标"和"价值观缺失"造成企业失败的受访者也分别达到 74.1% 和 62%。

"近些年来，在资本、利润的驱动压力下，中国企业越来越浮躁，越来越重视规模、利润，却忽略了道德和法律的约束，因此导致与之相关的各种社会问题层出不穷。"中国社科院经济学和企业社会责任研究中心钟宏武教授对《第一财经日报》表示。

顺丰董事长王卫在谈到为何不想上市时就曾表示，他做企业，是想让企业长期地发展，让一批人得到有尊严的生活。如果上市，环境发生改变，就要为股民负责、要保证股票不断上涨，企业存在的唯一目的就是利润。这样企业将变得很浮躁，和当今社会一样的浮躁。

"在利益诉求和坚守道德的衡量中，企业应着眼长远，平衡近期利益与长远利益、经济利益与社会利益，这需要管理者的全面考量。"厦门大学企业社会责任与企业文化研究中心首席研究员李伟阳认为。

为了鼓励企业自主地提高道德建设水平，西方一些政府的管制措施尤其具有针对性和差异性。例如，政府对经营道德上出现问题的企业在执行罚金上有不同措施：原本应处以罚金 4000 美元的事件，如果被罚企业已经建立了内部道德管理制度，则罚金为标准的 0.05 倍；如果企业没有建立相应的伦理管理制度，则罚金为标准的 4 倍。

企业伦理的外部制度建设同样可以从伦理标准的引导、伦理监督、伦理奖惩等多个角度进行。在加拿大等国，政府不仅有完善的法规在某种程度上强制企业遵守一定的伦理规范，还设有专门负责监督的伦理官员。

复旦大学管理学院教授苏勇认为，以先秦儒家"见利思义"的义利观为主要代表的中国传统商业经营思想，或许对我们今天构建现代商业伦理体系和矫正企业经营伦理和企业家的义利观有着重要的借鉴作用。企业道德思想取决于决策者的道德素养，正如亚当·斯密《道德情操论》里所言，企业家要有"道德的血液"。

成功
与财富无关

> 我个人的理解，成功应该是以给
> 社会带来多大的价值为标准。

财富其实并没有一个固定的含义，它取决于你对它的态度。我更注重的是我能借助财富做成什么样的事情。我个人的理解，成功应该是以给社会带来多大的价值为标准。

——摘自《马化腾：财富的价值在于把事做成》

延伸阅读

腾讯创始人、董事局主席兼首席执行官马化腾的慈善故事入围 2010 年《竞争力》杂志第三期封面文章《财富榜中榜》，并被冠以"慈善纽带"之名。文章指出，从一开始，马化腾的慈善事业就有一条明确的线路图：从小做起，从心做起。在马化腾看来，财富的意义不是让自己活得更特殊，而是投身公益活动，并将事情做成。马化腾认为，如果要给成功加上一个判断的标准，应该以给社会带来的价值为标尺来衡量。

马化腾和中国香港首富李嘉诚一样，都是潮汕人。他们之间有一个共同点，他们都在做慈善方面不遗余力。很长一段时间，李嘉诚逢人便说：他有了第三个儿子。这"第三个儿子"就是李嘉诚基金会。而马化腾唯一高调的地方就在做慈善上，每次有关慈善的活动，都能看到他的身影。马化腾曾邀请壹基金发起人李连杰访问腾讯，他们就公益慈善事业的可持续发展计划进行了深入的探讨。

曾有人让李嘉诚简单地概括一下自己的人生,李嘉诚的回答是"建立自我,追求忘我"。这八个字在同为潮汕人的马化腾心中分量也很重,至少其低调做人、高调做事的作风与李嘉诚的"建立自我,追求忘我"是一致的。

马化腾在2009福布斯中国慈善排行榜上排名第39位,而且是2009"影响中华公益的60位慈善家"之一。比起其他的互联网大佬,低调做人、高调做事的马化腾更值得推崇,因为其具备更广泛的社会价值和公众效益,这也是值得人们学习的。

Business Develop

做企业离不开社会和广大客户的支持,在发展企业自身业务的同时,也不要忘记担负企业身上的责任,要用实际行动去帮助和回馈社会。

北京时间2013年4月20日8时02分四川省雅安市芦山县发生7.0级地震,震源深度13公里,震中距成都约100公里。成都、重庆及陕西的宝鸡、汉中、安康等地均有较强震感。

据雅安市政府应急办通报,震中芦山县龙门乡99%以上房屋垮塌,卫生院、住院部停止工作,停水停电。截至2013年4月24日10时,共发生余震4045次,3级以上余震103次,最大余震5.7级。受灾人口152万,受灾面积12500平方公里。据中国地震局网站消息,截至24日14时30分,地震共计造成196人死亡,21人失踪,11470人受伤。

对此,腾讯公益慈善基金会第一时间展开救援行动:

4月20日,捐款500万元支援芦山灾区,这是灾后的第一笔捐款。同时携手壹基金、扶贫基金会,率先为芦山灾区紧急开通"芦山地震网捐通道",打造全平台实时救援。

4月21日,救援物资抵达芦山。

4月22日,推出"雅安地震救助"微信公众账号,用于发布四川雅安震区最新情况、实用救援信息,收集网友寻人和报平安资讯。

4月23日,腾讯公司和员工累计捐赠2000万元,用于资助灾后援建中的社会公益力量。

4 月 24 日，发放联合救灾物资。

4 月 25 日，微信、微博寻人平台，成功帮助 370 人联系上了亲友。

腾讯有爱，马化腾有爱。这种爱不是捐赠单上华丽的数字，也不是捐赠台上骄傲地走过场，而是或许低调，却可以拿出一颗拳拳之心。马化腾一向都是这样的人。